领导干部
履职核心能力建设书系

领导干部
应急处突能力建设

张 伟◎著

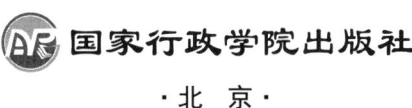

国家行政学院出版社

·北 京·

图书在版编目（CIP）数据

领导干部应急处突能力建设 / 张伟著 . — 北京：
国家行政学院出版社，2022.12

（领导干部履职核心能力建设书系 / 时和兴主编）

ISBN 978-7-5150-2729-6

Ⅰ.①领… Ⅱ.①张… Ⅲ.①领导干部—突发事件—
公共管理—能力培养—研究—中国 Ⅳ.① D63

中国版本图书馆 CIP 数据核字（2022）第 230100 号

书　　名	领导干部应急处突能力建设
	LINGDAO GANBU YINGJI-CHUTU NENGLI JIANSHE
作　　者	张 伟 著
统筹策划	刘韫劼
责任编辑	刘韫劼
出版发行	国家行政学院出版社
	（北京市海淀区长春桥路 6 号　100089）
综 合 办	（010）68928887
发 行 部	（010）68928866
经　　销	新华书店
印　　刷	北京盛通印刷股份有限公司
版　　次	2022 年 12 月第 1 版
印　　次	2022 年 12 月第 1 次印刷
开　　本	170 毫米 × 240 毫米　16 开
印　　张	9.75
字　　数	123 千字
定　　价	35.00 元

本书如有印装质量问题，可随时调换，联系电话：（010）68929022

总序

　　领导干部是党和国家事业发展的"关键少数"，是党和国家事业的中坚力量。全面建设社会主义现代化国家，必须有一支政治过硬、适应新时代要求、具备领导现代化建设能力的干部队伍。领导干部的履职能力不仅体现干部队伍的整体素质，更关系党的长期执政、国家长治久安、人民长远幸福。培养造就信念过硬、政治过硬、责任过硬、能力过硬、作风过硬的领导干部队伍，对于实现新时代新征程中国共产党的使命任务，以中国式现代化全面推进中华民族伟大复兴，具有重要战略意义。

　　当前，世界百年未有之大变局加速演进，世界之变、时代之变、历史之变正以前所未有的方式展开，国内改革发展稳定任务艰巨繁重，给领导干部的履职能力提出了一系列新挑战、新要求。建设堪当民族复兴重任的高素质干部队伍，必须着力解决领导干部队伍中存在的本领恐慌、能力不足问题。新时代新征程新任务，要求各级领导干部不断提高政治能力，增强推动高质量发展本领、服务群众本领、防范化解风险本领，加强斗争精神和斗争本领养成，提高统筹发展和安全能力。

　　干部教育培训是干部队伍建设的先导性、基础性、战略性工程。为开发适应领导干部履职需要和学习特点的培训教材，助力打造高素质专业化干部队伍，我们以习近平新时代中国特色社会主义思想为指导，立足中央党校（国家行政学院）作为干部培训主渠道主阵地的职能定位，以党中央对领导干部队伍建设的最新要求为遵循，编写了"领导干部履职核心能力建设书系"，分设《领导干部政治能力建设》《领导干部意识形态能力建设》《领导干部群众工作能力建设》《领导干部调查研究能力建设》《领导干部依法治理能力建设》《领导干部应急处突能力建设》《领导干部心理调适能力建设》《领导干部数字治理能力建设》八册。其中，政治能力是首要能力，在领导干部干好工作所需的各种能力中是第一位的；意识形态能力是关键，反映领导干部在重大问题和重大考验面前辨别政治是非的素质和水平；群众工作能力是根本，是衡量领导干部政治上是否合格、工作上是否称职、领导能力强不强的基本标准；调查研究能力是基础，属于领导干部做好各项工作的前提和必备基本功；依法治理能力是保障，体现深化改革、推动发展、化解矛盾、维护稳定、应对风险的内在要求；应急处突能力是底线，既检验领导干部统筹发展与安全的专业水平，又检验领导干部的见识和胆识、定力和魄力；心理调适能力是支撑，为领导干部全力战胜前进道路上各种困难和挑战、稳定发挥其他各项能力提供内源性动力；数字治理能力是重点，是领导干部适应数字时代治理要求、激发治理活力、转化治理效能的关键性保证。这八大能力相辅相成，构成了新时代领导干部必备的履职能力体系。

本书系各分册的作者为中央党校（国家行政学院）、中国社会科学院大学等相关领域权威专家，保证内容的专业性和权威性。书系聚焦领导干部履职能力建设的核心问题，紧贴党中央关于干部队伍建设和干部教育培训要求，针对各级领导干部工作现实需要，侧重能力要求的理论分析和能力建设的方法阐释，既有深入浅出的学理阐释，又有生动透彻的案例解读，辅以知识链接、延伸阅读、深度思考等板块，启发领导干部坚持在干中学、学中干，在阅读和思考中深度共鸣，为加强各级领导干部履职核心能力建设提供实用参考。

时和兴

2022 年 11 月

前　言

理论链接

将应急管理纳入地方党政领导干部必修内容，开发面向各级领导干部的应急管理能力培训课程。完善应急管理干部素质培养体系，建立定期培训和继续教育制度，提升应急管理系统干部政治素养和业务能力。

——《"十四五"国家应急体系规划》

应急处突是领导干部必备能力。应急处突是对紧急事态的应对和对突发事件的处置，目的是控制、减轻或消除突发事件造成的严重危害。应急处突是领导干部的职责所在，应急处突能力是领导干部的必备能力。面对突发事件，只有具备较强的应急处突能力，才能从容应对、化危为机。我国历年重大突发事件处置经验表明，领导干部应急处突能力仍然存在很多短板弱项。在当前我国战略机遇和风险挑战并存、不确定性和难预料风险因素增多的时期，大力加强应急处突能力建设刻不容缓。2020年10月10日，习近平总书记在中央党校（国家行政学院）秋季学期中青年干部培训班开班式上发表重要讲话强调，面对复杂形势和艰巨任务，领导干部特别是年轻干部要提高七种能力，应急处突能力是其中一个重要方面。《"十四五"国家应急体系规划》专题部署"加强干部队伍建设"，要求将应急管理纳入地方党政领导干部必修内容。党的二十大报告强调，要提高急难险重突发公共事件处置保障能力。

应急处突重在提升领导干部的"预能力"。有一句大家熟悉的古语，"凡事豫则立，不豫则废"。进一步阐释，"进忠有三术：一曰防；二曰救；三曰戒。先其未然谓之防，发而止之谓之救，行而责之谓之戒。防为上，救次之，戒为下"。这句话的意思是，上策是在事情发生之前就防范，中策是在事情发生时赶快补救，下策是在事情过后加以惩戒。

适应当前形势、党中央要求，结合我国应急管理多年实践经验、学术研究成果及古代智慧，要从实践和理论两个方面大力推动应急处突工作向事前预防转型。其实质是将应急处突从非常态处置转型为常态化管理。相应地，领导干部应急处突能力也应向事前预防转型。能力，即完成一个目标或者任务所体现出来的综合素质。从逻辑上讲，应急处突能力作为一种领导干部必备素质，不会在突发事件处置过程中从天而降、呼之即来，必须结合预防型应急处突理念，"预先"锻炼、培养、积累。

书如其名，本书的主要读者对象是承担应急处突工作职责的领导干部。实际上，如前所述，应急处突能力是所有领导干部、尤其青年领导干部必备的基本能力之一。相应地，本书面向所有领导干部。

本书适应当前应急管理模式转型的理论和实践需要，探索性地对传统应急管理过程进行重构，对

📃 **理论链接**

坚持安全第一、预防为主，建立大安全大应急框架，完善公共安全体系，推动公共安全治理模式向事前预防转型。
——习近平：在中国共产党第二十次全国代表大会上的报告（2022年10月16日）

应急管理特定环节的职能定位有了新的认识，提出了一个应急处突"预能力"新框架。抛砖引玉，需大家批评指正、共同深入研讨。因此，本书也面向应急管理领域的研究者、实践者。

本书力求语言平实，并通过以案说理、延伸阅读、理论链接、法律法规等多种专栏形式增加可读性、通俗性。因此，本书同样适合对应急处突领域感兴趣的各类社会读者。

目录

应急处突，顾名思义，就是要应对紧急状态、处置突发事件。然而，仅仅从一时一事、应对处置的层面考虑应急处突问题，难免陷入被动应付、疲惫低效的状态。"上兵伐谋，其次伐交，其次伐兵，其下攻城。"为长治久安计，做好应急处突工作，要从把握规律形势、树立原则理念、构建体制机制、严格政策法规等方面入手，为应急处突各个阶段各方面的能力发挥提供理论、理念和制度支撑。

一、突发事件

突发事件，是指突然发生，造成或者可能造成重大人员伤亡、财产损失、生态环境破坏和严重社会危害，危及公共安全，需要采取应急处置措施予以应对的紧急事件。我们所关注的突发事件一般是损害到公众利益或具有社会影响、需要公共部门出动力量进行应对的突发事件，其完整表述应该是"突发公共事件"。其他主要涉及个人或私营部门利益，影响范围小、危害低烈度、时间跨度短的偶发突然事件，不是本书要讨论的对象。

　　根据突发事件的发生过程、性质和机理，以及我国实际情况，我国通常将突发事件分为四大类。第一类，自然灾害，比如水旱灾害、气象灾害、地震灾害、地质灾害、海洋灾害、生物灾害、森林草原火灾等；第二类，事故灾难，比如工矿商贸等企业的各类安全事故、交通运输事故、公共设施和设备事故、环境污染和生态破坏事件等；第三类，公共卫生事件，比如传染病疫情、群体性不明原因疾病、食品安全和职业危害、动物疫情及其他严重影响公众健康和生命安全的事件；第四类，社会安全事件，比如群体性事件、恐怖袭击事件、经济金融安全事件、涉外突发事件等。

　　需要关注的是，突发事件范畴和重点是随着社会情景的变化而不断发生变化的。上述突发事件分类是在我国经历2003年非典事件后、应急管理体系全面初创之时，就当时社会情景提出来的。随着社会情景本身的变化，这种分类方式会逐步和现实在一定程度上产生脱节，需要我们不断加以调整。比如，我们有时将生态环境事件单独作为一类，包括各种环境污染和生态破坏事件等。这既体现了我国对生态环境越来越重视，也体现了生态环境事件引发原因的复杂性。有些生态环境事件主要符合自然灾害的属性，不存在显著的人为破坏或责任；有些生态环境事件则主要属于人为的责任事故，尤其安全生产事故引发严重的环境污染和生态破坏后果；而有些生态环境事件的引发原因更加复杂，兼有自然灾害的因素和人为责任的因素。又如，随着全球气候变暖，极端天气引发的突发事件在自然灾害领域日益突出。还有，以往群体性事件是社会安全领域最引人注目的突发事件类型，一度成为社会安全事件的代名词。当前群体性事件大幅减少，而以往边缘性的涉外突发事件、经济金融安全事件等日益引发更多关注。另外，在总体国家安全观的指引下，随着新安全格局的提出，社会安全事件这个"框"显得过于宽泛，相比于当前推进国家安全体系和能力现代化、坚决维护国家安全和社会稳定的要求，已经显得不合时宜，需要及时进行调整。

现实中对于突发事件类型的定性，往往涉及事件发生诱因和责任归属。比如，事故灾难一般有人为责任因素存在，而自然灾害主要来自自然界的不可抗力。这样，突发事件属于自然灾害还是事故灾难涉及责任定性问题，事关重大。

突然性是突发事件的最本质特征。正因为突然发生、发展态势难以预料、令人难以防备，突发事件才与可预判预期的常规事件有所区别，不得不采取特殊的紧急措施予以应对，应急处突才成为一个需要职能部门负责、专门学科研究的领域。与突然性本质特征相联系，突发事件还至少具有如下其他特征。

第一，不确定性。如果突发事件仅仅事出突然，除了事件初发时的应对慌乱和心理冲击，后续都可以按照常规事件从容处置，那么突发事件本身也就不值得过于关注。然而，现实中的大多突发事件发展态势和后果很难确定，如果缺乏及时处置，突发事件可能会呈现燎原之势，其影响迅速扩散，处置难度和成本迅速增加，损害迅速升级。

第二，紧迫性。这里的紧迫性，指的是及时处置的时间紧迫性。即使是突发事件，也有一个发生、发展的过程。如果在突发事件发生后，尤其在突发事件发生初期能够及早发现、及早介入，就能有更多机会将突发事件消灭在萌芽状态，或遏制、减缓其继续演变以至爆发的势头。

第三，危害性。理论上，突发事件本身是中性词，可以带来正面效果，也可以带来负面危害。我们所关注的，一般是那些可能造成严重危害后果的突发事件。这种危害不仅体现在生命的伤亡、健康的破坏、经济财产的损失、环境的破坏、心理的创伤等方面，还往往导

致相关领导人和机构威信流失，以及渗透到社会生活各个层面的深远
影响。

第四，不足性。事出突然，必然导致应急指挥所需要的协调机制不能
及时建立、紧急决策所需要的信息不能及时获取、救援人员不能及时到
达、应急物资不能有效保障等，为应急处突工作带来压力和困难。在资
源条件有限的情况下，应对不及、不当或不足，从而产生严重后果的可
能性大为增加。

第五，衍生性。由于风险的系统性和突发事件的涟漪效应，不同类
型的突发事件可能在特定的情境下相互转化，相继引发多种类型的次
生、衍生突发事件，或成为多种突发事件的耦合，形成灾害链或复合式
灾难。比如，安全生产事故、交通运输事故、自然灾害等次生衍生的突
发生态环境事件数量大大多于单纯突发生态环境事件的数量，而且诱因
复杂，影响从单一的生态环境领域向经济、社会，甚至政治、国际层面
延伸。

因此，应急处突本质上是紧迫情势下的非常态工作任务。尽可能地
将这种非常态工作任务向常态化方向转化，减少应急处突中的不确定性，
是解决应急处突问题的根本之道。

其中一个思路，是不再孤立地看待突发事件，而是把突发事件置
于事前、事发、事中、事后等诸多环节相互联系、相互影响的过程之
中，对其进行全过程、综合性的管理，从而避免或减缓其突然性带来的
剧烈冲击和危害，提升应急处突效果，即应急管理。其目标是，最大限
度地预防和减少突发公共事件及其造成的危害，保障公众的生命财产
安全，维护国家安全和社会稳定，促进经济社会全面、协调、可持续
发展。

二、面临形势

近年来，尤其党的十八大以来，以习近平同志为核心的党中央高度重视应急管理工作，推动我国应急管理事业取得历史性成就、发生历史性变革，中国特色应急管理体系基本建立，应急处突综合能力和防范化解重大安全风险能力不断提升。强化了应急工作的综合管理、全过程管理和力量资源的优化管理，增强了应急管理工作的系统性、整体性、协调性。应急救援能力显著提升，安全生产水平稳定提高，防灾减灾能力明显增强，中央环保督察工作成效显著、环境污染和生态破坏事件大幅减少，平安中国建设迈上更高水平、社会稳定局面趋势良好，公共卫生领域立法修法进入提速期。

同时，当前及今后一段时间，我国公共安全形势依然严峻复杂，突发事件仍处于易发多发期。我国是世界上自然灾害最为严重的国家之一，灾害种类多，分布地域广，发生频率高，造成损失重，这是我国的一个基本国情。随着全球气候变暖，我国自然灾害风险进一步加剧，极端天气趋强趋重趋频，台风登陆更加频繁、强度更大，降水分布不均衡、气温异常变化等因素导致发生洪涝、干旱、高温热浪、低温雨雪冰冻、森林草原火灾的可能性增加。重特大地震灾害风险形势严峻复杂，灾害的突发性和异常性愈发明显。安全生产仍处于爬坡过坎期。各类安全风险隐患仍然突出并交织叠加，我国安全生产基础薄弱的现状短期内难以根本改变，生产安全事故仍然易发多发。危险化学品、矿山、交通运输、建筑施工等传统高危行业和消防领域安全风险隐患仍然突出。新能源、新工艺、新材料广泛应用，新产业、新业态、新模式大量涌现，引发新问题、形成新隐患，一些"想不到、管得少"的领域风险逐渐凸显。安全生产事故、污染物排放或者自然灾害等因素导致的突发环境污染事件难以杜绝，危及公众生命、健康和财产安全，威胁生态环境，一旦发生，往往造成重大社会影响。鼠疫、霍乱等法定报告传染病时有发生，突发急性传染病在全球不断出现，境外输入传染病以及生物技术误用滥用谬用风险不断增大，食品药品安全基础依然薄弱，公共卫生事件防控难度增大。城市安全问题更加突出。随着工业化、城镇化持续推进，我国中心城市、城市群迅猛发展，人口、生产要素更加集聚，产业链、供应链、价值链日益复杂，生产生活空间高度关联，各类承灾体暴露度、集中度、脆弱性大幅增加。各种公共服务设施、超大规模城市综合体、人员密集场所、高层建筑、地下空间、地下管网等大量建设，导致城市内涝、火灾、燃气泄漏爆炸、拥挤踩踏等安全风险隐患日益凸显，重特大事故在地区和行业间呈现波动反弹态势。灾害事故发生的隐蔽性、复杂性、耦合性进一步增加，重特大灾害事故往往引发一系列次生、衍生灾害事故和生态环境破坏，形成复杂多样的灾害链、事故链，进一步增加风险防控和应急处置的复杂性及难度。全球化、信息化、网络化的快速发展，也使灾害事故影响的广度和深度持续增加。

我国应急管理基础仍然薄弱。应急管理体制改革还处于深化过程中，一些地方改革还处于磨合期，亟待构建优化协同高效的格局。防汛抗旱、抗震救灾、森林草原防灭火、综合减灾等工作机制还需要进一步完善，安全生产综合监管和行业监管职责需要进一步理顺。应急救援力量不足，特别是国家综合性消防救援队伍力量短缺问题突出，应急管理专业人才培养滞后，专业队伍、社会力量建设有待加强。科技信息化水平总体较低，风险隐患早期感知、早期识别、早期预警、早期发布能力欠缺，应急物资、应急通信、指挥平台、装备配备、紧急运输、远程投送等保障尚不完善。基层应急能力薄弱，公众风险意识、自救互救能力不足等问题比较突出，应急管理体系和能力与国家治理体系和治理能力现代化的要求存在很大差距。

当前影响社会稳定的不少深层次矛盾躲不开、绕不过。发展不平衡不充分问题仍然突出，推进高质量发展还有许多卡点瓶颈，科技创新能力还不强。确保粮食、能源、产业链供应链可靠安全和防范金融风险还须解决许多重大问题。重点领域改革还有不少硬骨头要啃。意识形态领域存在不少挑战。城乡区域发展和收入分配差距仍然较大。群众在就业、教育、医疗、托育、养老、住房等方面面临不少难题。生态环境保护任务依然艰巨。党的建设特别是党风廉政建设和反腐败斗争面临不少顽固性、多发性问题，铲除腐败滋生土壤任务依然艰巨，等等。

同时，国家安全面临严峻复杂的国际形势。世纪疫情影响深远，逆全球化思潮抬头，单边主义、保护主义明显上升，世界经济复苏乏力，局部冲突和动荡频发，全球性问题加剧，世界进入新的动荡变革期。我国不断受到外部讹诈、遏制、封锁、极限施压，而且来自外部的打压遏制随时可能升级。

三、理念原则

我国应急处突工作具有鲜明的中国特色，其理念原则主要体现在以下几个方面。

（一）坚持人民至上、生命至上

我国应急管理工作坚持"两个至上"的价值引领。应切实履行政府的社会管理和公共服务职能，始终把保护人民群众生命财产安全和身体健康作为首要任务，并体现在应急管理工作的各个环节中，体现在每次安全生产事故、自然灾害事件的处置应对中，最大限度地减少突发公共事件及其造成的人员伤亡和危害。必须强化红线意识，红线就是生命线、高压线，不能要"带血"的生产总值。2015年5月29日，习近平总书记在十八届中央政治局第二十三次集体学习时讲话强调，要牢固树立安全发展理念，自觉把维护公共安全放在维护最广大人民根本利益中来认识。2020年9月8日，习近平总书记在全国抗击新冠肺炎疫情表彰大会上的讲话中强调指出，"人的生命是最宝贵的，生命只有一次，失去不会再来。在保护人民生命安全面前，我们必须不惜一切代价，我们也能够做到不惜一切代价"。

（二）坚持总体国家安全观

国家安全是民族复兴的根基，社会稳定是国家强盛的前提。必须坚定不移贯彻总体国家安全观，把维护国家安全贯穿应急处突工作的各方面全过程，确保国家安全和社会稳定。总体国家安全观是一个内容丰富、开放包容、不断发展的思想体系。国家安全是涵盖政治安全、国土安全、军事安全、经济安全、金融安全、文化安全、社会安全、科技安全、网络安全、粮食安全、生态安全、资源安全、核安全、海外利益安全、太空安全、深海安全、极地安全、生物安全，以及人工智能、大数据等诸多领域于一体的国家安全体系。总体国家安全观坚持以人民安全为宗旨、以政治安全为根本、以经济安全为基础、以军事科技文化社会安全为保障、以促进国际安全为依托，统筹外部安全和内部安全、国土安全和国民安全、传统安全和非传统安全、自身安全和共同安全，统筹维护和塑造国家安全，夯实国家安全和社会稳定基层基础，完善参与全球安全治理机制，建设更高水平的平安中国，以新安全格局保障新发展格局。

（三）坚持统筹发展和安全

我国应急管理工作坚持统筹发展和安全两件大事。统筹发展和安全，就要把握好发展和安全的辩证统一、动态平衡关系。离开发展谈安全或者离开安全谈发展，或认为在实际工作中可以多谈此少谈彼，或认为安全是对发展的干扰，或认为只要发展好尤其是经济发展好就可以解决一切问题等，这些认知都是错误的，都不符合唯物辩证法。统筹发展和安全是复杂环境下谋划协调工作的重要思路，尤其适用于应急管理工作。结合我国当前应急管理工作实际，把握好发展和安全的辩证关系、动态平衡，要重点解决好以下几个问题。

第一，把握好发展和安全的并重关系。无论新中国成立不久就提出的安全生产方针，还是改革开放新时期提出的安全发展理念，都强调生产或发展为目的，安全为条件。安全是从属于生产或发展的，安全发展在某种程度上就是"安全地发展"。而统筹发展和安全理念，是把安全放在与发展并重的位置上。发展利益和安全利益，都是国家和人民的核心利益。发展是人类社会的需求，安全也同样是人类社会的需求，而且是最基础的需求。在风险社会情境下，很多时候对安全的需求甚至会超过对发展的需求。没有安全的发展，就是"不平衡不充分的发展"，不能满足"我国人民日益增长的美好生活需要"，成为新时代我国社会主要矛盾的重要根源之一。因此，在推动应急管理工作中，片面地将统筹发展和安全理念理解为以安全保障发展，甚至以安全服务于发展，在于没有充分理解统筹发展和安全作为经济社会发展指导思想的丰富内涵，无形之中会将应急管理工作置于经济社会发展大局的从属、边缘地位，进而不利于经济社会发展大局。

第二，利用好发展和安全相互促进的关系。发展和安全犹如硬币的两面，要树立系统思维，把发展和安全看作"一体之两翼、驱动之双轮"，不仅缺一不可，而且相互支撑、相互促进、高度融合。安全为发展提供保障和条件，不可能为了发展罔顾安全。只有安全得到保证，才能为发展创造和谐稳定的内外部环境，才能集中精力推动国家各项建设事业向前发展。甚至，安全可以有力地促进发展。同时，发展是解决安全问题的基础和关键，不可能离开发展谈安全。发展是最大的安全，国家落后可能会使其面临的安全威胁变得更加严重。要实现可持续安全，就必须实现可持续发展。破解突出矛盾和问题，防范化解各类风险矛盾，归根到底要靠发展。随着经济社会发展水平的整体提高，很多风险危机可以从源头上得到缓解，从而不断推动应急管理工作的转型和升级。这就需要我们在推动应急管理工作中不能仅仅盯着安全，不能为了安全而安全，而应坚持系统理念，统筹发展和安全，把应急管理工作融入经济社会发展大局。

第三，化解好发展和安全的冲突关系。发展并不必然带来安全，大发展也并不必然带来大安全。因为，国家发展后又会产生新的安全问题，特别是与新时代国家发展需求相比，我国的国家安全保障能力还有较大差距。甚至，发展可能带来风险。不发展有不发展的问题，发展起来有发展起来的问题，而发展起来后出现的问题并不比不发展起来少，甚至更多更复杂了。新形势下，如果利益关系协调不好、各种矛盾处理不好，就会导致问题激化，严重的就会影响发展进程。同时，过于强调安全会阻碍发展，并最终损害安全。维护安全是有成本和代价的。要用辩证思维统筹发展和安全，正确处理好当前利益和长远利益、局部利益和全局利益、经济利益和社会利益之间的关系，找到发展和安全的最佳均衡点，力争实现高质量发展和高水平安全的良性互动。

（四）坚持防范化解重大风险

防范化解重大安全风险，是做好应急管理工作的一项基础性、全局性、战略性工作。尤其面对错综复杂的国内外形势，坚持底线思维，增强忧患意识，提高防控能力，着力防范化解重大风险，成为领导干部一项重要能力。健全风险防范化解机制，坚持从源头上防范化解重大安全风险，真正把问题解决在萌芽之时、成灾之前。2019年1月21日，习近平总书记在省部级主要领导干部坚持底线思维着力防范化解重大风险专题研讨班上的讲话中强调，要"深刻认识和准确把握外部环境的深刻变化和我国改革发展稳定面临的新情况新问题新挑战，坚持底线思维，增强忧患意识，提高防控能力，着力防范化解重大风险，保持经济持续健康发展和社会大局稳定"。

📋 **理论链接**

主动识变应变求变，主动防范化解风险，不断夺取全面建设社会主义现代化国家新胜利！
——习近平：在中国共产党第二十次全国代表大会上的报告（2022年10月16日）

四、体制机制

应急管理体制，是指各级党政机关、武装部队、企事业单位、社会团体、社会公众等各相关方，在突发事件应对过程中的组织机构设置、职能配置、隶属关系、管理权限、责任划分等。

新中国成立后，我国在相当长的时期内并没有形成完整统一的应急管理体制，而是经历了分散发展、逐步规范的长期过程。其特点是，灾害管理一般由专门部门进行单灾种应对。改革开放后我国成立了多个议事协调机构，每当有重大突发事件发生时，还会临时组建一些指挥部。从总体上来说，虽然这些议事协调机构和指挥部的建立增加了协调应对能力，但基本上没有摆脱单灾种应对模式。

直到2003年我国受到非典疫情严重冲击，引发成为从公共卫生到社会、经济、生活的全方位突发事件，暴露出我国经济社会发展中存在的不全面、不协调、不可持续性和应急管理体系缺失等问题，尤其突发事件应急机制不健全，处理和管理危机能力不强，一些地方和部门缺乏应对突发事件的准备和能力的问题最为突出。党中央、国务院总结抗击非典的经验和教训，第一次明确提出除了常态政府管理以外，还要高度重视非常态管理的重大命题，开始围绕"一案三制"——应急预案及应急体制、机制、法制，全面加强应急管理建设。2005年，国务院召开第一次全国应急管理工作会议。国务院办公厅设立应急管理办公室，履行值守应急、信息汇总和综合协调职责，发挥运转枢纽作用。全国各地各级政府以及国务院有关部门也都根据各自情况成立了相应的应急管理工作机构。2005年，国务院颁布了《国家突发公共事件总体应急预案》和25件专项预案、80件部门预案。2006年，党的十六届六中全会通过《中共中央关于构建社会主义和谐社会若干重大问题的决定》，系统提出了我国按照"一案三制"的总体要求建设应急管理体系。同年，国务院召开第二次全国应急管理工作会议，进一步推动应急管理体系建设。2007年，国务院下发《关于加强基层应急管理工作的意见》，全国人大常委会通过《中华人民共和国突发事件应对法》，并于2007年11月1日正式实施。2008年，在经历南方雪灾和汶川地震后，党中央、国务院深入总结我国应急管理的成就和经验，查找存在问题，提出进一步加强应急管理的方针政策。

党的十八大后，尤其 2018 年开展的党和国家机构改革，大大推进了我国应急管理体系和能力现代化建设。我国当前的应急管理体制，主要是在这次党和国家机构改革中构建成型的，并且不断进行调整完善，推进应急管理体系和能力现代化。相应地，我国建立了统一指挥、专长兼备、反应灵敏、上下联动的应急管理体制。我国应急管理机制涵盖事前、事发、事中和事后各个阶段，主要包括预防准备、监测预警、信息报告、应急处置、协调联动、社会参与、舆论引导、恢复重建、调查评估、科普宣教等方面应急管理机制建设的内容，实行综合协调、分类管理、分级负责、属地管理的工作方针。

我国应急处突工作坚持中国共产党的领导。加强党对应急管理的集中统一领导，全面贯彻党的基本理论、基本路线、基本方略，可以把党的政治优势、组织优势、密切联系群众优势和社会主义集中力量办大事的制度优势转化为应急管理事业发展的强大动力和坚强保障，从而建立健全集中统一、高效权威的中国特色应急处突工作领导体制，形成党委领导、政府负责、部门联动、军地联合、社会协同、公众参与、科技支撑、法治保障的治理体系。

在党委领导下，各级政府是突发事件应对工作的行政领导机关。国务院在总理领导下研究、决定和部署特别重大突发事件的应对工作；根据实际需要，设立国家突发事件应急指挥机构，负责突发事件应对管理工作；必要时，国务院可以派出工作组指导有关工作。地方政府设立由本级人民政府主要负责人、相关部门负责人、当地驻军、武警和国家综合性消防救援队伍有关负责人组成的突发事件应急指挥机构，统一领导、协调本级人民政府各有关部门和下级人民政府开展突发事件应对管理工作；根据实际需要，设立相关类别突发事件应急指挥机构，组织、协调、指挥突发事件应对工作。政府应急管理部门和卫生健康、公安等有关部门在各自职责范围内做好有关突发事件应对管理工作，并指导、协助下级人民政府及其相应部门做好有关突发事件的应对管理工作。基层政府或政府派出机构明确专门工作力量，负责突发事件应对有关工作。乡级人民政府、街道办事处和居民委员会、村民委员会依法协助县级以上人民政府及其有关部门做好突发事件应对管理工作。

军队、武警和民兵组织依照有关法律、行政法规、军事法规的规定以及国务院、中央军事委员会的命令，参加突发事件的应急救援和处置工作。公民、法人和其他组织有义务参与突发事件应对工作。

国家安全委员会指导涉及国家安全重大问题的应急处突工作。为完善国家安全体制和国家安全战略，确保国家安全，中央设立国家安全委员会，全称为"中国共产党中央国家安全委员会"，简称"中央国安委"。国家安全委员会的主要职责是制定和实施国家安全战略，推进国家安全法治建设，制定国家安全工作方针政策，研究解决国家安全工作中的重大问题。国家安全和社会稳定是改革发展的前提。只有国家安全和社会稳定，改革发展才能不断推进。当前，我国面临对外维护国家主权、安全、发展利益，对内维护政治安全和社会稳定的双重压力，各种可以预见和难以预见的风险因素明显增多。而我们的安全工作体制机制还不能适应维护国家安全的需要，需要搭建一个强有力的平台统筹国家安全工作。设立国家安全委员会，加强对国家安全工作的集中统一领导，已是当务之急。

应急管理部门承担安全生产事故和自然灾害领域的应急处突工作。应急管理部整合了原国家安全生产监督管理总局的职责，国务院办公厅（原国务院应急管理办公室）的应急管理职责，公安部的消防管理职责，民政部的救灾职责，国土资源部的地质灾害防治、水利部的水旱灾害防治、农业部的草原防火、国家林业局的森林防火相关职责，中国地震局的震灾应急救援职责以及国家防汛抗旱总指挥部、国家减灾委员会、国务院抗震救灾指挥部、国家森林防火指挥部的职责。中国地震局、国家煤矿安全监察局由应急管理部管理。不再保留国家安全生产监督管理总局。应急管理部的主要职责是，组织编制国家应急总体预案和规划，指导各地区各部门应对突发事件工作，推动应急预案体系建设和预案演练；建立灾情报告系统并统一发布灾情，统筹应急力量建设和物资储备并在救灾时统一调度，组织灾害救助体系建设，指导安全生产类、自然灾害类应急救援，承担国家应对特别重大灾害指挥部工作；指导火灾、水旱灾害、地质灾害等防治；负责安全生产综合监督管理和工矿商贸行业安全生产监督管理等。公安消防部队、武警森林部队转制后，与安全生产等应急救援队伍一并作为综合性常备应急骨干力量，由应急管理部管理。

生态环境部门承担环境污染和生态破坏领域的应急处突工作。生态环境部负责重大生态环境问题的统筹协调和监督管理，牵头协调重特大环境污染事故和生态破坏事件的调查处理，指导协调地方政府对重特大环境污染事故的应急、预警工作；负责核与辐射安全的监督管理，拟订有关政策、规划、标准，牵头负责核安全工作协调机制有关工作，参与核事故应急处理，负责辐射环境事故应急处理工作；负责生态环境监测工作，组织实施生态环境质量监测、污染源监督性监测、温室气体减排监测、应急监测，组织对生态环境质量状况进行调查评价、预警预测，组织建设和管理国家生态环境监测网和全国生态环境信息网；负责应对气候变化工作，组织拟订应对气候变化及温室气体减排重大战略、规划和政策，与有关部门共同牵头组织参加气候变化国际谈判，负责国家履行联合国气候变化框架公约相关工作。

各级卫生健康委员会承担公共卫生领域的应急处突工作。国家卫生健康委员会负责制定并组织落实疾病预防控制规划、国家免疫规划以及严重危害人民健康公共卫生问题的干预措施，制定检疫传染病和监测传染病目录；负责卫生应急工作，组织指导突发公共卫生事件的预防控制和各类突发公共事件的医疗卫生救援；负责职责范围内的职业卫生、放射卫生、环境卫生、学校卫生、公共场所卫生、饮用水卫生等公共卫生的监督管理，负责传染病防治监督，健全卫生健康综合监督体系。

政法委员会、公安部门承担社会治安和社会稳定领域的应急处突工作。中央政法委员会负责组织协调、推动和督促各地区各有关部门开展社会治安综合治理工作，汇总掌握社会治安综合治理动态，协调处置重大突发事件，研究社会治安综合治理有关重大问题，提出社会治安综合治理工作对策建议等；统筹协调政法机关等部门处理影响社会稳定的重大事项，协调应对和处置重大突发事件，了解掌握和分析研判影响社会稳定的情况动态，预防、化解影响稳定的社会矛盾和风险等；协调指导各相关部门做好反邪教工作，分析研判有关情况信息并向党中央提出政策建议，协调处置重大突发性事件等。公安机关在社会安全领域的应急处突职责广泛，比如负责掌握影响稳定、危害国内安全和社会治安的情况；指导、监督地方公安机关依法查处危害社会治安秩序行为，依法管理户口、居民身份证、枪支弹药、危险物品和特种行业等工作；组织指导侦查工作，协调处置重大案件、治安事故和骚乱，指挥防范、打击恐怖活动；依法管理国籍、口岸边防检查工作；指导、监督消防工作、道路交通安全、交通秩序以及机动车辆、驾驶员管理等工作；指导、监督地方公安机关对国家机关、社会团体、企事业单位和重点建设工程的治安保卫工作以及群众性治安保卫组织的治安防范工作和公共信息网络的安全监察工作；收集邪教组织影响社会稳定、危害社会治安的情况并进行分析研判，依法打击邪教组织的违法犯罪活动等。

外事部门负责牵头境外应急处突工作。外交部负责协调处置境外涉我突发事件，保护境外中国公民和机构的合法权益，参与处置境内涉外突发事件，处理和协调关系国家安全问题的有关涉外事宜。中央外事工作委员会及其办公室承担涉海领域的应急处突工作，组织协调和指导督促各有关方面落实党中央关于维护海洋权益的决策部署，收集汇总和分析研判涉及国家海洋权益的情报信息，协调应对紧急突发事态。

应急管理工作机制包括信息报告机制、应急联动机制及指挥协调工作机制、新闻宣传和信息发布机制、恢复重建机制、资金投入机制、风险分担机制、应急处置第三方评估机制等。我国应急管理体制机制强调"统""分"结合，构建优化协同高效的应急机制至关重要。在部门协同方面，应急处突既有常设的组织协调机构和临时性的组织协调机构进行统筹指导、综合协调，由协调机构成员单位、各行业主管部门共同承担应急处突工作，同时各部门按照职责分工，发挥各自专业优势，牵头具体领域的应急处突工作。充分发挥相关议事协调机构的统筹作用，发挥好应急管理部门的综合优势和各相关部门的专业优势，明确各部门在事故预防、灾害防治、信息发布、抢险救援、环境监测、物质保障、恢复重建、维护稳定等方面的工作职责。健全重大安全风险防范化解协同机制和灾害事故应对处置现场指挥协调机制。在区域协同方面，健全自然灾害高风险地区等区域协调联动机制，统一应急管理工作流程和业务标准，加强重大风险联防联控，联合开展跨区域、跨流域风险隐患普查，编制联合应急预案，建立健全联合指挥、灾情通报、资源共享、跨域救援等机制。组织综合应急演练，强化互助调配衔接。

📖 延伸阅读

卫生应急联防联控机制

联防联控是我国近年来应对卫生领域突发事件的重要机制。2003年，在非典疫情的前期处置过程中，出现了部门间协调配合不力的情况。此后，在党中央、国务院的领导下，加强部门间联防联控机制建设，使信息沟通进一步畅通，行动协调一致明显增强，经过历次应急响应的不断实践和完善，目前已经建立了多层次、多形式的联防联控机制，具体包括国务院联防联控机制、部门间联防联控机制、地方与部队联防联控机制、区域联防机制和重大疾病联防联控机制。地方各级政府和部门也可以根据国家要求或参考国家的做法，建立完善各种卫生应急联防联控机制。

其中，国务院联防联控机制作用最为显著。这是中央人民政府层面的多部委协调工作机制平台。比如，2013年我国部分地区发现人感染H7N9禽流感疫情后，国务院迅速启动了由原国家卫生和计划生育委员会牵头、16个部门参加的应对人感染H7N9禽流感疫情联防联控工作机制。又如，为应对2019年底始发的新冠肺炎疫情，国务院常务会议决定启动"国务院应对新型冠状病毒感染的肺炎疫情联防联控工作机制"。该机制由国家卫生健康委员会牵头建立，成员单位包括50个部门和北京市政府。联防联控工作机制下设疫情防控、医疗救治、科研攻关、宣传、外事、后勤保障、前方工作等工作组，分别由相关部委负责同志任组长，明确职责，分工协作，加强疫情分析和资源调度，及时协调解决问题、研究防控举措，形成防控疫情的有效合力。2020年1月20日，国务院联防联控机制首次会议召开。2020年5月4日，经中央批准，国务院联防联控机制设立联络组。自2020年2月5日首次召开新闻发布会，截至2022年10月，国务院联防联控机制已经召开210多场新闻发布会。疫情严重期间，国务院联防联控机制每日召开会议，研究重大事项，报中央应对疫情工作领导小组审议后实施。长三角、京津冀、粤港澳大湾区、成渝等四大城市群均及时建立了相应的跨区域联防联控机制。

疫情防控越是到最吃劲的时候，越要坚持依法防控，在法治轨道上统筹推进各项防控工作，全面提高依法防控、依法治理能力，保障疫情防控工作顺利开展，维护社会大局稳定。

——习近平：在中央全面依法治国委员会第三次会议上的讲话（2020年2月5日）

要完善疫情防控相关立法，加强配套制度建设，完善处罚程序，强化公共安全保障，构建系统完备、科学规范、运行有效的疫情防控法律体系。

——习近平：在中央全面依法治国委员会第三次会议上的讲话（2020年2月5日）

要有针对性地推进传染病防治法、突发公共卫生事件应对法等法律修改和制定工作，健全权责明确、程序规范、执行有力的疫情防控执法机制，进一步从法律上完善重大新发突发传染病防控措施，明确中央和地方、政府和部门、行政机关和专业机构的职责。要普及公共卫生安全和疫情防控法律法规，推动全社会依法行动、依法行事。

——习近平：在专家学者座谈会上的讲话（2021年5月10日）

五、政策法规

我国应急管理工作坚持依法依规治理，运用法治思维和法治方式，构建适应应急管理体制的法律法规和标准体系，坚持权责法定、依法应急，增强全社会法治意识，实现应急管理的制度化、法治化、规范化。当前，我国基本形成了以《中华人民共和国宪法》为根本，以《中华人民共和国突发事件应对法》为核心，以相关法律、法规、规章为主干，以预案、意见、办法、规划等规范性政策文件为基础的门类齐全、覆盖面广的开放式应急管理政策法规体系。近年来，我国应急处突领域的立法工作成就显著。尤其受2003年非典疫情和当前新冠肺炎疫情的冲击影响，公共卫生和生物安全领域的相关立法工作进展迅速。

（一）基本政策法规

《中华人民共和国宪法》。作为国家的根本大法，一方面，宪法是我国应急管理法治体系的根本和立法依据；另一方面，宪法中的有关条款也对应急管理事项作出了具体规定，例如，对紧急状态和战争状态的确定和宣布，对动员令的决定和发布等。

《中华人民共和国国家安全法》。1993年公布施行过一部国家安全法，主要是规定国家安全机关履行的职责，特别是反间谍工作方面的职责。但随着国家安全形势的发展变化，这部法律已难以适应全面维护各领域国家安全的需要。2014年11月1日，第十二届全国人大常委会第十一次会议审议通过了《中华人民共和国反间谍法》，相应废止了1993年的国家安全法。2015年7月1日，第十二届全国人大常委会第十五次会议通过了新的《中华人民共和国国家安全法》。该法将总体国家安全观法律化、制度化，是一部维护国家安全的综合性、全局性、基础性的法律。

《中华人民共和国突发事件应对法》。2007年8月30日，第十届全国人大常委会第二十九次会议通过突发事件应对法，自2007年11月1日起施行，这是我国第一部、也是唯一一部为应对各类突发事件而专门制定的综合性应急管理基本法律，统一了分散的应急管理部门立法，弥补了单项立法的不足和缺陷。现行突发事件应对法自施行以来，对于预防和减少突发事件的发生，控制、减轻和消除突发事件引起的严重社会危害，规范突发事件应对管理活动，保护人民生命财产安全，维护国家安全、公共安全、生态环境安全和社会秩序发挥了重要作用，为取得抗击新冠肺炎疫情斗争重大战略成果提供了制度保障。同时，近年来，突发事件应对管理工作遇到了一些新情况新问题，特别是新冠肺炎疫情对突发事件应对管理工作带来了新挑战，亟待通过修改该法予以解决。2021年底，第十三届全国人大常委会第三十二次会议审议了《中华人民共和国突发事件应对管理法（草案）》（关于修订突发事件应对法的议案），并向社会公布、征求意见。

启动紧急状态的法律依据。我国没有专门的紧急状态法。国家进入紧急状态首先一步就是全面动员。涉及国防军事等的全面动员，可以参照2010年7月1日开始施行的《中华人民共和国国防动员法》。同时，按照突发事件应对法，发生特别重大突发事件，对人民生命财产安全、国家安全、公共安全、生态环境安全或者社会秩序构成重大威胁，采取本法或其他有关法律、法规、规章规定的应急处置措施不能消除或者有效控制、减轻其严重社会危害，需要进入紧急状态的，由全国人民代表大会常务委员会或者国务院依照宪法和其他有关法律规定的权限和程序决定。紧急状态期间采取的非常措施，依照有关法律规定执行或者由全国人民代表大会常务委员会另行规定。

《中华人民共和国安全生产法》。安全生产法于2002年公布实施，2009年、2014年、2021年进行了三次修订。安全生产法作为我国安全生产领域的基础性、综合性法律，对依法加强安全生产工作、预防和减少安全生产事故、保障人民群众生命财产安全，发挥了重要法治保障作用。尤其最近一次修改，贯彻落实了党中央关于安全生产工作重大决策部署，认真总结近年来安全生产领域实践经验和事故教训，积极回应社会关切，较大幅度地对安全生产法进行修改完善，是推进全面依法治国、促进安全生产治理体系和治理能力现代化的重要举措，是防范化解安全生产风险、建设更高水平平安中国的有力保障。其总体思路是，贯彻落实决策部署，确保转化执行到位；始终坚持问题导向，统筹兼顾安全发展；压实企业主体责任，增强安全生产能力；强化政府监督管理，加大违法处罚力度。

《重大行政决策程序暂行条例》。该条例自2019年9月1日起实施，对风险评估进行了明确规定。重大行政决策的实施可能对社会稳定、公共安全等方面造成不利影响的，决策承办单位或者负责风险评估工作的其他单位应当组织评估决策草案的风险可控性。按照有关规定已对有关风险进行评价、评估的，不作重复评估。开展风险评估，可以通过舆情跟踪、重点走访、会商分析等方式，运用定性分析与定量分析等方法，对决策实施的风险进行科学预测、综合研判。开展风险评估，应当听取有关部门的意见，形成风险评估报告，明确风险点，提出风险防范措施和处置预案。开展风险评估，可以委托专业机构、社会组织等第三方进行。风险评估结果应当作为重大行政决策的重要依据。决策机关认为风险可控的，可以作出决策；认为风险不可控的，在采取调整决策草案等措施确保风险可控后，可以作出决策。

《国家突发公共事件总体应急预案》。该预案由国务院2005年4月17日印发，2006年1月8日发布实施，不仅适用于涉及跨省级行政区划的，或超出事发地省级人民政府处置能力的特别重大突发公共事件应对工作，也发挥着指导全国突发公共事件应对工作的作用。预案的编制是在认真总结我国历史经验和借鉴国外有益做法的基础上，经过集思广益、科学民主化的决策过程，按照依法行政的要求，并注重结合实践而形成的。应该说，预案的编制凝聚了几代人的经验，既是对客观规律的理性总结，也是一项制度创新。总体预案是全国应急预案体系的总纲，明确了各类突发公共事件分级分类和预案框架体系，规定了国务院应对特别重大突发公共事件的组织体系、工作机制等内容，是指导预防和处置各类突发公共事件的规范性文件。

《"十四五"国家应急体系规划》。以规划引领经济社会发展，是我们党治国理政的重要方式，是中国特色社会主义发展模式的重要体现。2020年党的十九届五中全会通过的《中共中央关于制定国民经济和社会发展第十四个五年规划和二〇三五年远景目标的建议》，高度重视国家安全和应急管理工作，首次在五年规划中将"统筹发展和安全"列为经济社会发展指导思想，专章部署"统筹发展和安全，建设更高水平的平安中国"工作，要求"坚持人民至上、生命至上，把保护人民生命安全摆在首位，全面提高公共安全保障能力"。2021年初公布的《中华人民共和国国民经济和社会发展第十四个五年规划和2035年远景目标纲要》明确要求，完善和落实安全生产责任制，建立公共安全隐患排查和安全预防控制体系；建立企业全员安全生产责任制度，压实企业安全生产主体责任等。为全面贯彻落实习近平总书记关于应急管理工作的一系列重要指示和党中央、国务院决策部署，扎实做好安全生产、防灾减灾救灾等工作，积极推进应急管理体系和能力现代化，应急管理部牵头制定了《"十四五"国家应急体系规划》。《"十四五"国家应急体系规划》明确目标，到2025年，应急管理体系和能力现代化建设取得重大进展，形成统一指挥、专常兼备、反应灵敏、上下联动的中国特色应急管理体制，建成统一领导、权责一致、权威高效的国家应急能力体系，防范化解重大安全风险体制机制不断健全，应急救援力量建设全面加强，应急管理法治水平、科技信息化水平和综合保障能力大幅提升，安全生产、综合防灾减灾形势趋稳向好，自然灾害防御水平明显提升，全社会防范和应对处置灾害事故能力显著增强。到2035年，建立与基本实现现代化相适应的中国特色大国应急体系，全面实现依法应急、科学应急、智慧应急，形成共建共治共享的应急管理新格局。

（二）专门政策法规

详见附录：应急处突相关政策法规。

（三）责任追究

按照《中华人民共和国突发事件应对法》，在应急处突中根据情节对直接负责的主管人员和其他直接责任人员依法给予处分：（1）未按规定采取预防措施，导致发生突发事件，或者未采取必要的防范措施，导致发生次生、衍生事件的；（2）迟报、谎报、瞒报、漏报有关突发事件的信息，或者通报、报送、公布虚假信息，造成后果的；（3）未按规定及时发布突发事件警报、采取预警期的措施，导致损害发生的；（4）未按规定及时采取措施处置突发事件或者处置不当，造成后果的；（5）不服从上级人民政府对突发事件应急处置工作的统一领导、指挥和协调的；（6）未及时组织开展生产自救、恢复重建等善后工作的；（7）截留、挪用、私分或者变相私分应急救援资金、物资的；（8）不及时归还征用的单位和个人的财产，或者对被征用财产的单位和个人不按规定给予补偿的。

《中华人民共和国刑法》中部分章节涉及应急管理内容，比如"危害国家安全罪""危害公共安全罪""危害国防利益罪""军人违反职责罪"等。2021年3月1日生效的《中华人民共和国刑法修正案（十一）》，修改了强令违章冒险作业罪，增加了"明知存在重大事故隐患而不排除，仍冒险组织作业"的行为，增加了关闭破坏安全设备设施和篡改、隐瞒、销毁数据信息的犯罪，增加了拒不整改事故隐患犯罪，增加了擅自从事高危生产作业活动的犯罪，修改了提供虚假证明文件罪，增加了"保荐、安全评价、环境影响评价、环境监测等职责的中介组织的人员"为犯罪主体。从而，刑法中涉及安全生产的刑事责任种类多达20多种（见表1-1）。

表1-1 《中华人民共和国刑法》中涉及应急管理的部分相关罪行

罪行	条目
重大飞行事故罪	第一百三十一条
铁路运营安全事故罪	第一百三十二条
交通肇事罪	第一百三十三条
危险驾驶罪	第一百三十三条之一
妨害安全驾驶罪	第一百三十三条之二
重大责任事故罪	第一百三十四条
强令、组织他人违章冒险作业罪	第一百三十四条
危险作业罪	第一百三十四条之一

续　表

罪行	条目
重大劳动安全事故罪	第一百三十五条
大型群众性活动重大安全事故罪	第一百三十五条之一
危险物品肇事罪	第一百三十六条
工程重大安全事故罪	第一百三十七条
教育设施重大安全事故罪	第一百三十八条
消防责任事故罪	第一百三十九条
不报、谎报安全事故罪	第一百三十九条之一
生产、销售不符合安全标准的食品罪	第一百四十三条
生产、销售不符合安全标准的产品罪	第一百四十六条
提供虚假证明文件罪、出具证明文件重大失实罪	第二百二十九条
污染环境罪	第三百三十八条
滥用职权罪、玩忽职守罪	第三百九十七条
环境监管失职罪	第四百零八条
食品、药品监管渎职罪	第四百零八条之一
传染病防治失职罪	第四百零九条

根据2018年中共中央办公厅、国务院办公厅印发的《地方党政领导干部安全生产责任制规定》，实行地方党政领导干部安全生产责任制，坚持党政同责、一岗双责、齐抓共管、失职追责，坚持管行业必须管安全、管业务必须管安全、管生产经营必须管安全。要把安全责任落实到岗位、落实到人头，加强督促检查、严格考核奖惩，全面推进安全生产工作。明确地方党委和政府领导责任，对于安全生产工作，不仅政府要抓，党委也要抓。党政一把手必须亲力亲为、亲自动手抓。党政主要负责人是本地区安全生产第一责任人，班子其他成员对分管范围内的安全生产工作负领导责任。地方各级安全生产委员会主任由政府主要负责人担任，成员由同级党委和政府及相关部门负责人组成。明确部门监管责任。按

照谁主管谁负责的原则，厘清安全生产综合监管与行业监管的关系，明确各有关部门安全生产和职业健康工作职责，并落实到部门工作职责规定中。严格责任追究制度。实行党政领导干部任期安全生产责任制，日常工作依责尽职，发生事故依责追究。依法依规制定各有关部门安全生产权力和责任清单，尽职照单免责，失职照单问责。建立企业生产经营全过程安全责任追溯制度。严肃查处安全生产领域项目审批、行政许可、监管执法中的失职渎职和权钱交易等腐败行为。严格事故直报制度，对瞒报、谎报、漏报、迟报事故的单位和个人依法依规追责。对被追究刑事责任的生产经营者依法实施相应的职业禁入，对事故发生负有重大责任的社会服务机构和人员依法严肃追究法律责任，并依法实施相应的行业禁入。

应急处突工作实行预防为主的原则，尽力避免突发事件实际发生。那么，如果突发事件没有发生，应急处突工作的管理对象又是什么呢？答案是可能酿成突发事件的潜在风险。由此，应急处突转化为风险管理，具体可以分为识别风险、评估风险、处置风险三个阶段。其目标是健全风险防范化解机制，做到关口前移、重心下移，加强源头管控，夯实安全基础，强化灾害事故风险评估、隐患排查，综合运用人防、物防、技防等手段，真正把问题解决在突发事件发生之前。

一、风险管理

什么是风险？风险即可能酿成事件并产生损害的趋势或潜在状态。如果说突发事件是出人意料出现的非常规现象，那么风险就是我们每天都要面对的常规现象。国际标准化组织把风险定义为"不确定性对目标的影响"[①]。任何类型、规模的社会或组织机构都面临各种内、外部因素和影响，导致其目标的实现存在不确定性，也就是说风险无所不在。逻辑上，不确定影响与预期的偏

[①] 国家标准GB/T24353-2022/IS031000：2018。

差可以是消极的，也可以是积极的，或者两者兼而有之。实际上，我们关注的是不确定性对目标的消极影响或损害。

对待风险，要有忧患意识。"思所以危则安矣，思所以乱则治矣，思所以亡则存矣。"① 还要有红线意识、底线思维，防止最不利的局面、最严重的损害发生。突发事件往往意味着危害已经造成了，即使及时处置也难以挽回损失。同时，事故往往在那些管理最薄弱、隐患最多而得不到治理的单位发生，灾难往往使那些最无准备、最弱势的人群遭受到最严重的伤害。而风险本身是动态的，随着社会或组织机构内外环境的变化，风险可能会出现、变化或消失。所以，我们需要对风险进行管理，防范化解风险，尤其是防范化解影响我国现代化进程的各种重大风险。

党的十八大以来，面对波谲云诡的国际形势、复杂敏感的周边环境、艰巨繁重的改革发展稳定任务，习近平总书记几乎逢会必讲防范风险，发表一系列重要论述，反复强调增强忧患意识，防范风险挑战要一以贯之，切实把保护人民生命安全放在第一位落到实处。2012年11月15日，习近平总书记在党的十八届一中全会上指出，"面对复杂多变的国际形势和艰巨繁重的国内改革发展稳定任务，我们一定要居安思危，增强忧患意识、风险意识、责任意识，坚定必胜信念，积极开拓进取，全面做好改革发展稳定各项工作，着力解决经济社会发展中的突出矛盾和问题，有效防范各种潜在风险"。2017年，党的十九大报告把防范化解重大风险摆在三大攻坚战的首位，把"增强驾驭风险本领"作为增强执政本领八个方面之一，强调"健全各方面风险防控机制，善于处理各种复杂矛盾，勇于战胜前进道路上的各种艰难险阻，牢牢把握工作主动权"。2019年1月21日，党中央专门就"坚持底线思维着力防范化解重大风险"举办省部级主要领导干部专题研讨班。2019年11月29日，十九届中央政治局就我

① 引自《新唐书·列传》卷二十二。

国应急管理体系和能力建设进行第十九次集体学习，习近平总书记在讲话中强调，要健全风险防范化解机制，坚持从源头上防范化解重大安全风险，真正把问题解决在萌芽之时、成灾之前。2020年10月26日，习近平总书记就《中共中央关于制定国民经济和社会发展第十四个五年规划和二〇三五年远景目标的建议》起草的有关情况向党的十九届五中全会作说明时指出："当前和今后一个时期是我国各类矛盾和风险易发期，各种可以预见和难以预见的风险因素明显增多。我们必须坚持统筹发展和安全，增强机遇意识和风险意识，树立底线思维，把困难估计得更充分一些，把风险思考得更深入一些，注重堵漏洞、强弱项，下好先手棋、打好主动仗，有效防范化解各类风险挑战，确保社会主义现代化事业顺利推进。"然而，仍然有一些领导干部特别是主要负责人缺乏风险意识和底线思维。

从管理层面来防范化解风险问题，即风险管理。具体来说，风险管理即通过考虑不确定性及其对目标的影响，以适当和及时的方式对风险因素进行监测、识别、分析、评价和响应，从而管控、防范、化解风险，为风险决策提供支持，以较小成本或代价来有效应对各类突发事件的管理活动。风险管理是一个反复优化的过程，有助于制定战略、实现目标和作出明智的决策。风险管理是国家治理能力的一部分，有助于改进国家治理体系。

📖 **延伸阅读**

生态环境领域加强风险管理①

近年来我国环境应急管理紧盯风险领域，加大隐患排查。做到"五清"，即"底数清、情况清、问题清、责任清、措施清"，消除安全隐患，防范环境风险。确立源头防范、主动防控思路，梳理"隐患险于明火、防范胜于救灾"的风险意识，把环境应急管理重心集中于风险防控上，推动环境应急管理战略转型。按照问题导向、需求导向和目标导向原则，针对国家及重点区域、流域、海域和重点行业等深入开展系统完整的环境风险分析评估，帮助摸清家底，有效识别其主要风险因素。

我国初步建立环境风险评估制度体系，先后制定了《突发环境事件应急管理办法》及相关技术规范标准、《企业突发环境事件风险评估指南（试行）》《企业突发环境事件隐患排查和治理工作指南（试行）》《行政区域突发环境事件风险评估推荐方法》《企业突发环境事件风险分级方法》等。2015年8月30日，中共中央办公厅、国务院办公厅印发《环境保护督察方案（试行）》，正式建立中央生态环境保护督察制度。从2015年12月起，从河北省试点开始，在全国31个省级行政区和新疆生产建设兵团开展第一轮中央生态环境保护督察，到2018年，完成第一轮督察全覆盖，并分两批对20个省级行政区开展"回头看"。2019年6月，《中央生态环境保护督察工作规定》施行。中央生态环境保护督察工作领导小组正式成立，进一步强化了督察权威。2019年7月，第二轮中央生态环境保护督察全面启动，历时3年，分6批对31个省（自治区、直

---

① 来自对国家生态环境部网站相关报告的数据汇集整理，https://www.mee.gov.cn/。

辖市）和新疆生产建设兵团、2个部门、6家中央企业开展督察，到2022年6月圆满完成。7年来，中央生态环境保护督察查处多起重大典型案件。以上措施，对于消除环境隐患效果显著，环境突发事件逐渐减少（见表2-1）。

表2-1　2016—2021年突发环境事件数量统计

年份	2016	2017	2018	2019	2020	2021
突发环境事件/起	304	302	286	261	208	199
特别重大事件/起	0	0	0	0	0	0
重大事件/起	3	1	2	0	2	2
较大事件/起	5	6	6	3	8	9
一般事件/起	296	295	278	258	198	188

二、风险识别

风险识别在实际工作中也被称为"隐患排查"，目的是找出潜在风险，并对其进行归类，确定其来源及可能影响的范围。风险识别是风险分析、风险评价、风险处置的基础。风险识别至少要回答5个问题：可能发生哪些不利情况？这些不利情况为什么会发生？这些不利情况是怎样发生的？这些不利情况可能在何时何地发生？这些不利情况主要影响哪些对象？风险识别的基本程序包括形成事件清单，以及分析风险产生的原因、可能导致的不利后果两个步骤。

风险识别首先要找出风险点。风险点也称风险源，是指伴随风险的部位、设施、场所和区域，以及在特定部位、设施、场所和区域实施的伴随风险的作业过程，或以上两者的组合。例如在安全生产领域，危险化学品罐区、液氨站、煤气炉、木材仓库、制冷装置是风险点；在罐区进行的倒罐作业、在防火区域内进行的动火作业、高温液态金属的运输过程等也是风险点。排查风险点是风险处置的基础。对风险点内的不同危险源或危险有害因素（与风险点相关联的人、物、环境及管理等因素）进行识别、评价，并根据评价结果、风险判定标准认定风险等级，从而采取不同处置措施。危险源是风险的载体，风险是危险源的属性。任何危险源都会伴随着风险。讨论风险必然是讨论涉及哪类或哪个危险源的风险，没有危险源，风险则无从谈起。危险源不同，其伴随的风险大小往往不同。

以案说理 福建省泉州欣佳酒店坍塌事故

2020年3月7日19时14分，福建省泉州市鲤城区的欣佳酒店发生坍塌，酒店当时正作为当地新冠肺炎疫情防控外来人员的集中隔离观察点。事故造成29人死亡，42人受伤，直接经济损失5794万元，不仅事故严重，而且影响恶劣。事发前，从最开始的土地审批，到楼栋的建设和改建环节，再到后期违规经营，直至被选为集中隔离健康观察点，对安全监管有责任的泉州市、鲤城区、常泰街道对事故安全风险隐患排查工作并未认真对待、扎实落实，相关人员漫不经心，该发现的问题没有发现、该处理的问题没有处理，使欣佳酒店这种存在严重隐患的建筑均能顺利过关。其中，在2019年2—3月的房屋安全隐患专项排查工作中，鲤城区常泰街道基层检查人员走过场，在报表中仅仅抄写门牌号、层数，填写"建成后未改造""暂无风险"等，就完成了对建筑物的排查。随后，在房屋安全信息管理系统中录入"暂无安全隐患，不属于重大安全隐患、一般安全隐患情形"等不真实的评价信息，然后逐级上报，让隐患排查工作形同虚设。

要求上，领导干部相较于一般干部需要具备更高的风险预见性。然而，风险识别并不是一件容易的事，现实中往往不能识别即将到来的危机。识别风险需要跳出常规的思维框架，但绝大多数人在这方面是不容易做到的。在突发事件之前，风险信息一般是碎片化的。政府部门缺乏风险识别的专业人员和专门机制来收集、整合风险信息，识别风险，并在组织内达成一致意见。实际上，无论自然灾害、安全生产、公共卫生领域，还是社会安全、反恐等领域，都大量存在无法整合碎片化信息的情况。政府机构和决策者一再表现出在把得到的风险数据整合成为有用的风险识别信息方面的能力不足。集体忽视风险信息成为复杂组织的常态特征。在解读信息时，风险信息往往被过滤、淡化、曲解、润饰或者因各种理由而被删减。决策者的时间往往非常有限，相对于应急事务，潜在风险往往难以列入讨论日程，尤其那些长期存在的风险问题。大量的例子告诉我们，风险认知过程需要花费太多的时间，有一些风险威胁很难得到认知。比如，美国联邦政府花费了很多年才意识到艾滋病的巨大传染影响。同时，现代风险社会中未被认知的风险越来越多。因此，法人和其他社会组织应当建立健全安全管理制度，定期开展危险源辨识评估，制定安全防范措施；定期检查本单位各项安全防范措施的落实情况，及时消除事故隐患；掌握并及时处理本单位存在的可能引发社会安全事件的问题，防止矛盾激化和扩大；对本单位可能发生的突发事件和采取安全防范措施的情况，应当按照规定及时向所在人民政府或者人民政府有关部门报告。

自然灾害是应急处突的主要领域之一，也是通过隐患排查来实现减灾的典型对象。近年来，我国逐渐形成了综合减灾理论，并开展了综合减灾实践，有效减轻了自然灾害造成的损失。按照法律规定和属地管理原则，地方政府应该对本行政区域内容易引发自然灾害、事故灾难和公共卫生事件的危险源、危险区域进行调查、登记、风险评估，定期进行检查、监控，并责令有关单位采取安全防范措施。县级人民政府及其有关部门、乡级人民政府、街道办事处、居民委员会、村民委员会应当及时调解处理可能引发社会安全事件的矛盾纠纷。省级和设区的市级人民政府应当对本行政区内容易引发特别重大、重大突发事件的危险源、危险区域进行调查、登记、风险评估，组织进行检查、监控，并责令有关单位采取安全防范措施。县级以上地方人民政府按照突发事件应对法规定登记的危险源、危险区域及其基础信息，应当按照国家有关规定介入突发事件信息系统，并及时向社会公布。

风险普查是提升自然灾害防治能力的基础性工作。它有助于摸清自然灾害风险隐患底数，查明重点地区抗灾能力，客观认识自然灾害综合风险水平，为自然灾害监测预警奠定坚实的基础，为有效开展自然灾害防治工作、切实保障经济社会可持续发展提供权威的灾害风险信息和科学决策依据。

延伸阅读

灾害风险调查和重点隐患排查工程

2018年10月10日，中央财经委员会第三次会议召开，研究提高我国自然灾害防治能力问题。我国是世界上自然灾害影响最严重的国家之一。新中国成立以来，党和政府高度重视自然灾害防治，发挥我国社会主义制度能够集中力量办大事的政治优势，防灾减灾救灾成效举世公认。同时，我国自然灾害防治能力总体还比较弱。提高自然灾害防治能力，要坚持以防为主、防抗救相结合，坚持常态救灾和非常态救灾相统一，强化综合减灾、统筹抵御各种自然灾害，努力把自然灾害风险和损失降至最低。针对关键领域和薄弱环节，推动建设九大重点工程。

其中，列首位的是实施灾害风险调查和重点隐患排查工程，掌握风险隐患底数。全国自然灾害综合风险普查是一项重大的国情国力调查，是提升自然灾害防治能力的基础性工作。通过开展普查，摸清全国自然灾害风险隐患底数，查明重点地区抗灾能力，客观认识全国和各地区自然灾害综合风险水平，可以为自然灾害监测预警奠定坚实的基础，为中央和地方各级人民政府有效开展自然灾害防治工作、切实保障经济社会可持续发展提供权威的灾害风险信息和科学决策依据。2020年，国务院办公厅印发《关于开展第一次全国自然灾害风险普查的通知》，于2020年至2022年开展为期3年的首次全国自然灾害综合风险普查工作。以地质灾害领域为例，为切实加强地质灾害防治能力建设，开展1：50000地质灾害调查，并在人口密集区等重点区域开展1：10000地质灾害调查，摸清重要地质灾害隐患的构造和可能影响范围，准确确定地质灾害风险。

在安全生产领域，矿山、金属冶炼、建筑施工单位和易燃易爆物品、危险化学品、放射性物品等危险品的生产、经营、运输、储存、使用环节都存在较大风险，应对生产经营场所，有危险品的建筑物、构筑物及周边环境开展隐患排查，及时采取措施管控风险和消除隐患，防止发生突发事件。

📖 **延伸阅读**

需要重点关注的安全生产风险点[①]

1.危险化学品。化工园区本质安全整治提升、企业分类治理整顿、非

---

① 摘自《"十四五"国家应急体系规划》。

法违法"小化工"整治、重大危险源管控、硝酸铵等高危化学品和精细化工等高危工艺安全风险管控、自动化控制、特殊作业安全管理、城区内化学品输送管线、油气站等易燃易爆剧毒设施；化学品运输、使用和废弃处置等环节。

2.烟花爆竹。生产、储存、运输等设施；生产、经营、进出口、运输、燃放、销毁、处置等环节。

3.矿山。煤与瓦斯突出、冲击地压、水文地质类型复杂或极复杂等灾害严重煤矿，30万吨/年以下煤矿，开采深度超过1200米的大中型及以上煤矿；入井人数超过30人、井深超过800米的金属非金属地下矿山，边坡高度超过200米的金属非金属露天矿山，尾矿库"头顶库"、无生产经营主体尾矿库、长期停用尾矿库。

4.工贸。冶金企业高温熔融金属、煤气工艺环节，涉粉作业人数30人以上的金属粉尘、木粉尘企业，铝加工（深井铸造）企业、农贸市场重大事故隐患整治。

5.消防。超高层建筑、大型商业综合体、城市地下轨道交通、石油化工企业等高风险场所；人员密集场所、"三合一"场所、群租房、生产加工作坊等火灾易发场所；博物馆、文物古建筑、古城古村寨等文物、文化遗产保护场所和易地扶贫搬迁安置场所；电动汽车、电动自行车、电化学储能设施和冷链仓库、冰雪运动娱乐等新产业新业态；船舶、船闸、水上加油站等水上设施。

6.道路运输。急弯陡坡、临水临崖、长下坡、危桥、危隧、穿村过镇路口、农村马路市场等路段及部位；非法违规营运客车、校车，"大吨小标"、超限超载、非法改装货车等运输车辆；变型拖拉机；常压液体危险货物罐车。

7.其他交通运输（民航、铁路、邮政、水上和城市轨道交通）和渔业船舶。民航运输：可控飞行撞地、空中相撞、危险品运输，跑道安全、机场净空安全、鸟击、通用航空安全；铁路运输：沿线环境安全、危险货物运输、公铁水并行交汇地段、路外伤害安全；邮政快递：末端车辆安全、作业场所安全；水上运输：商渔船碰撞、内河船舶非法从事海上运输、港口客运和危险货物运输；城市轨道交通：运营保护区巡查，违规施工作业、私搭乱建、堆放易燃易爆危险品等；渔业船舶：船舶脱检脱管、不适航、配员不足、脱编作业、超员超载、超风级超航区冒险航行作业，船员不适任、疏忽瞭望值守。

8.城市建设。利用原有建筑物改建改用为酒店、饭店、学校、体育馆等人员聚集场所；高层建筑工程、地下工程、改造加固工程、拆除工程、桥梁隧道工程；违法违规转包分包；城镇燃气及燃气设施安全管理。

9.工业园区等功能区。化工园区安全风险评估分级；仓储物流园区安全管理；港口码头等功能区安全管理。

10.危险废物。危险废物贮存、利用、处置环节；违规堆存、随意倾倒、私自填埋危险废物。

三、风险评估

风险评估主要包括风险分析和风险评价两个部分。

风险分析是对不良后果或不期望事件发生的概率和造成后果进行描述及量化的过程，其目的是理解包括风险水平和风险诱因在内的风险性质和特征，涉及对不确定性、风险源、后果、可能性、事件、情景、控制及其有效性的详细考虑。风险分析应考虑以下因素：事件和后果的可能性、后果的特征和强度、复杂性和关联性、时间因素和波动性、现有控制的有效性、敏感性和置信水平。其他影响因素还包括所用信息的质量、所做的假设和除外条件、对技术的任何限制以及执行情况等。风险分析可能会受到意见分歧、偏见、风险认知和判断的影响。应该考虑、记录这些影响因素并传达给决策者。

根据分析目的、信息可用性和可靠性以及资源可用性，可以开展粗细程度、复杂程度不等的风险分析。分析技术可以是定性或定量的，也可以是定性和定量相结合的方式，这取决于环境和预期用途。高度不确定的事件可能难以量化，这在分析具有严重后果的事件时，可能是一个问题。在这种情况下，使用各种技术的组合通常可以提供更多的参考意见。风险分析常用的方法有概率分布、外推法、多目标分析等。事件可能有多种原因和后果，并可能影响多个目标。这些诱因具有不确定性，但也可能产生影响。风险的可能性和后果主要由三个因素决定：一是风险源（致灾因子）本身发生的可能性和危害性，二是风险所作用对象（承灾体）的承受能力（脆弱性），三是控制和应对突发事件的能力。

风险辨识和评价的方法很多，应根据各自的实际情况选择使用。比如以下方法：

工作危害分析法（JHA）。这是一种定性的风险分析辨识方法，它是基于作业活动的一种风险辨识技术，用来进行人的不安全行为、物的不安全状态、环境的不安全因素以及管理缺陷等的有效识别。即先把整个作业活动（任务）划分成多个工作步骤，将作业步骤中的危险源找出来，并判断其在现有安全控制措施条件下可能导致的事故类型及其后果。若现有安全控制措施不能满足安全生产的需要，应制定新的安全控制措施以保证安全生产；危险性仍然较大时，还应将其列为重点对象加强管控，必要时还应制定应急处置措施加以保障，从而将风险降低至可以接受的水平。

安全检查表分析法（SCL）。这是一种定性的风险分析辨识方法，它是将一系列项目列出检查表进行分析，以确定系统、场所的状态是否符合安全要求，通过检查发现系统中存在的风险，提出改进措施的一种方法。安全检查表的编制主要是依据以下四个方面的内容：（1）国家、地方的相关安全法规、规定、规程、规范和标准，行业、企业的规章制度、标准及企业安全生产操作规程。（2）国内外行业、企业事故统计案例及经验教训。（3）行业及企业安全生产的经验，特别是本企业安全生产的实践经验，引发事故的各种潜在不安全因素及成功杜绝或减少事故发生的成功经验。（4）系统安全分析的结果，如采用事故树分析方法找出的不安全因素，或作为防止事故控制点源列入检查表。

风险矩阵分析法（LS）。这是一种半定量的风险评价方法，它在进行风险评价时，将风险事件的后果严重程度相对定性分为若干级，将风险事件发生的可能性也相对定性分为若干级，然后以严重性为表列，以可能性为表行，制成表，在行列的交点上给出定性的加权指数。所有的加权指数构成一个矩阵，而每一个指数代表了一个风险等级。用公式表示为 $R = L \times S$，其中：R 表示风险程度；L 表示发生事故的可能性，重点考虑事故发生的频次，以及人体暴露在这种危险环境中的频繁程度；S 表示发生事故的后果严重性，重点考虑伤害程度、持续时间。

作业条件危险性分析法（LEC）。这是一种半定量的风险评价方法，它用与系统风险有关的三种因素指标值的乘积来评价操作人员伤亡风险大小。三种因素分别是：L（事故发生的可能性）、E（人员暴露于危险环境中的频繁程度）和 C（一旦发生事故可能造成的后果）。给三种因素的不同等级分别确定不同的分值，再以三个分值的乘积 D（危险性）来评价作业条件危险性的大小，即 $D = L \times E \times C$。D 值越大，说明该系统危险性越大。

风险程度分析法（MES）。这是一种半定量的风险评价方法，它是对作业条件危险性分析法（LEC）的改进。风险程度 $R = M \times E \times S$，其中：M

为控制措施的状态；暴露的频繁程度 E，增加了职业病发病情况、环境影响状况两项影响因素；事故的可能后果 S，包括伤害、职业相关病症、财产损失和环境影响；M、E、S 分别制定了其取值标准。

在风险分析基础上，可以进一步进行风险评价。风险评价是对危险源导致的风险进行分析、评估、分级，对现有控制措施的充分性加以考虑以及对风险是否可接受予以确定的过程。风险评价的主要思路，是将风险分析的结果与既定的风险准则进行比较并进行综合排序，以确定各种风险的重要程度和可接受水平，风险是否需要应对，以及需要采取何种应对措施。决策应考虑到更广泛的环境和背景情况，以及当前和未来对内外部利益相关方的影响。风险评价不能只有一维的角度，而需要对风险可能性、后果及其影响因素等多个维度进行综合判断，确定不同风险的轻重缓急。此外，还需要对不同领域的风险进行量化和标准化，以使不同领域的风险评价结果具有可比性。

风险评价往往体现为风险分级。风险分级是指通过采用科学、合理方法对危险源所伴随的风险进行定量或定性评价，根据评价结果划分等级，进而实现分级管理。风险分级的目的是实现对风险的有效管控。比如在安全生产领域，可以根据评估结果设定的风险等级从高到低分为一级、二级、三级、四级，分别对应重大风险、较大风险、一般风险和低风险，并用红、橙、黄、蓝四种颜色标识。风险点的等级按照风险点内各危险源的最高风险等级确定。对于上一年度内发生过死亡事故且现在发生事故的条件依然存在的，涉及重大危险源的，涉及重大隐患的，作业地点人数 10 人以上的，经风险评估确定为最高等级的风险的情形，应直接确定为重大风险。

风险评价的目的是支持决策。风险评价的结果为进一步的风险处置行动提供具有优先级的风险列表。如果风险被归类为低风险或可接受的风险类型，可以进行最低程度的处理而被接受。甚至不需要做任何额外的事情，只保持现有的控制，通过监控和定期审查确定它们继续保持可接受的程度。如果风险没有被归为低风险或可接受的风险类型，则应对它们采取措施进行处理。

比如红色一级风险，是不可容许的重大风险，必须立即整改，不能继续作业。对于该级别风险，只有当风险已降低时，才能开始或继续工作。如果无限的资源投入也不能降低风险，就必须禁止工作，立即采取隐患治理措施。橙色二级风险，是高度危险的较大风险，必须制定措施进行控制管理。对于该级别及以上的风险，应重点控制管理，由安全主管部门和各职能部门根据职责分工具体落实。当风险涉及正在进行中的工作时，应采取应急措施，并根据需求为降低风险制定目标、指标、管理方案或配给资源、限期治理，直至风险降低后才能继续工作。黄色三级风险，是中度（一般）危险，需要控制整改。对于该级别的风险，应引起关注并负责控制管理，制定管理制度、规定进行控制，努力降低风险，应仔细测定并限定预防成本，在规定期限内实施降低风险措施。在严重伤害后果相关的场合，必须进一步进行评价，确定伤害的可能性和是否需要改进的控制措施。蓝色四级风险是轻度危险，是可以接受或可容许的。对于该级别的风险，应引起关注并负责控制管理，不需要另外的控制措施，应考虑效果更佳的解决方案或不增加额外成本的改进措施，需要监视来确保控制措施得以维持现状，保留记录。

以案说理　　**冬奥赛区天气气候风险评估报告①**

北京市气候中心、河北省气候中心共同完成了《北京2022年冬奥会

---

① 摘编自叶芳璐、谢娜、张金龙《2021年度冬奥赛区天气气候风险评估报告出炉》，中国气象局网站，2021年4月19日。

和冬残奥会赛区气象条件和大风风险分析报告（2021）》中英文版本编写工作，内容涵盖北京冬奥会赛区2021年赛期同期气象条件分析、气象风险评估，为冬奥气象服务积累了数据资料。2021年是北京冬奥会筹办的关键之年，也是冬奥会开赛前的最后一个雪季。2021年冬奥赛事同期，北京城区、延庆和张家口三大赛区先后出现影响赛事进行的极端天气气候事件，包括强降温、大风、高温融雪、沙尘暴等。京冀两地气候中心共同分析了上述极端天气气候事件的特征，利用相关统计方法比较2021年与历史同期三大赛区出现的极端天气气候事件，开展风险评估，并针对2021年三大赛区发生的极端天气气候事件给赛场带来的综合影响，进行精细化分析。河北省气候中心开展了张家口赛区雪质观测数据分析，通过K-均值聚类、叠加决策树等分析方法，构建了张家口赛区雪质判别模型，总结了张家口赛区2021年冬奥赛事同期逐小时雪质风险等级的变化特征。该评估报告被提交至北京2022年冬奥会和冬残奥会组织委员会及国际奥林匹克委员会。北京市气候中心主任王冀表示，通过冬奥赛区天气气候风险评估报告，可以为北京冬奥会的赛事安排、运动员参赛准备等提供参考，为赛场气象服务人员认识复杂地形下的天气、气候规律提供第一手资料，为提高冬奥气象预报服务技术奠定基础。

除了风险客观评价和专家评价，公众风险评价也是一个值得重视的领域（见图2-1）。公众风险评价带有主观建构特征，常常被称为风险感知，但不能由此否认其价值。其一，风险感知是认识客观风险的重要维度。风险之所以被称为风险，就在于其尚未发展成为现实，对其认识无论潜在后果还是发生可能性，都必然带有主观判断性质。公众风险评价来自公众对现实风险的知识汇集、持续体验，风险感知与客观风险必然

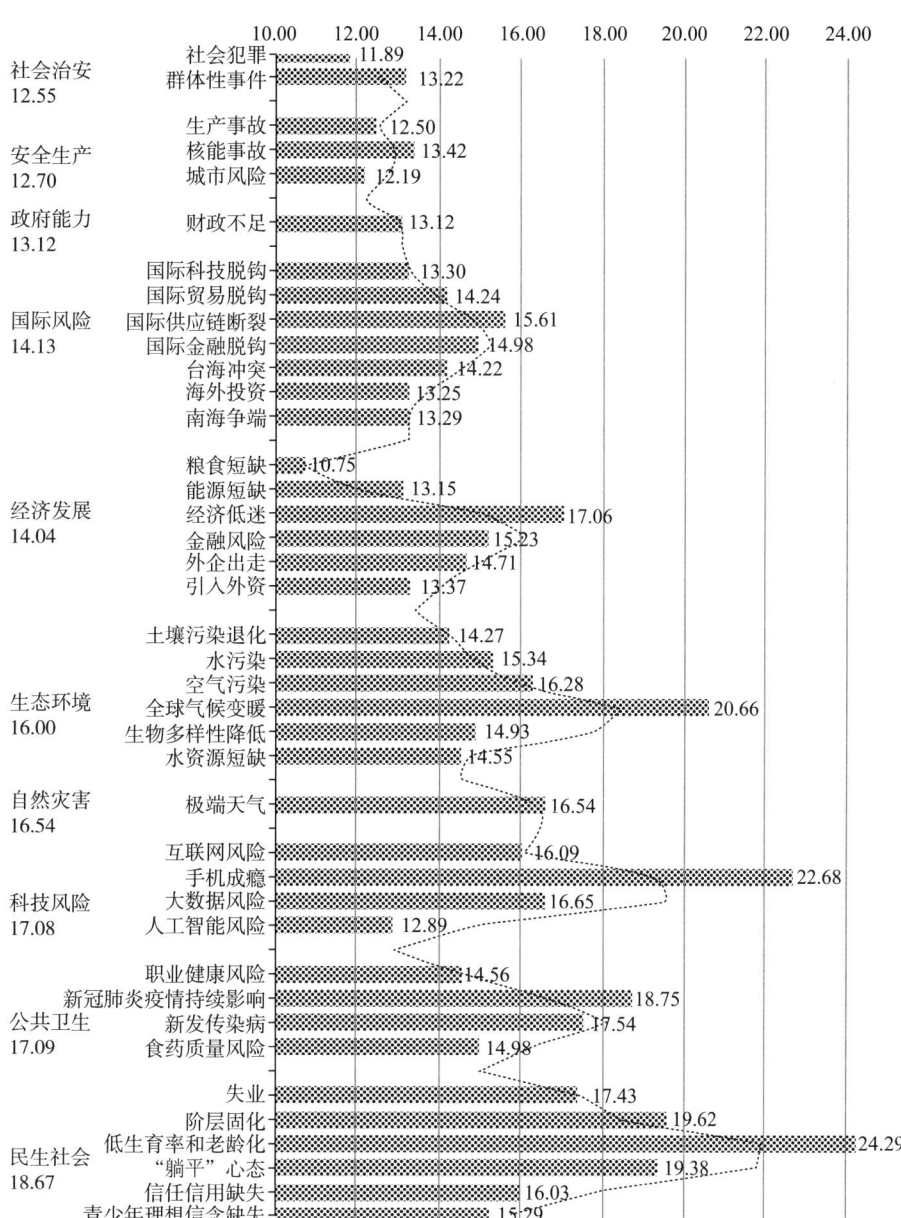

图2-1　2022年中国公众关注社会领域的风险焦虑感①

---

① 张伟等：《2022年中国公众风险感知研究报告》，载《中国应急管理发展报告（2022）》，社会科学文献出版社2022年版。

存在相关度。其二，风险感知决定人们对待风险事物的态度，进而影响风险应对行为。风险感知研究承认主观、客观风险之间存在偏差，这种偏差本身也是风险感知研究的内容。大量事故案例表明，风险偏差属于风险源之一，是导致公众生活、生产活动中不安全和不合理行为的重要原因。其三，不能因专家风险评价而否定公众风险感知的价值。专家虽然可以掌握更多关于特定风险的专业属性，但其分析判断同样包含主观判断，不存在所谓纯技术性的风险评估。专家评价也需要在实践中检验，而现实中专家风险判断失误的例子比比皆是，所以有"关于风险，不存在什么专家"的说法。[①]

国家建立健全突发事件风险评估体系，对可能发生的突发事件进行综合性评估，采取有效防范措施，减少突发事件的发生，最大限度减轻突发事件的影响。比如，以第一次全国自然灾害综合风险普查为基准，编制自然灾害风险和防治区划图。加强地震构造环境精细探测和重点地区与城市活动断层探察。推进城镇周边火灾风险调查。健全安全风险评估管理制度，推动重点行业领域企业建立安全风险管理体系，全面开展城市安全风险评估，定期开展重点区域、重大工程和大型油气储存设施等安全风险评估，制定落实风险管控措施。开展全国工业园区应急资源和能力全面调查，指导推动各地建设工业园区应急资源数据库。

四、风险处置

在风险识别和评估的基础上，下一步要做的是对风险进行处置，也就是常说的风险化解、风险管控。风险的两个核心要素是发生事件的

---

① 参见贝克《风险社会》，何博闻译，译林出版社2004年版，第22—31页。

可能性以及事件后果的严重性。相应地，风险处置的目的，一方面是为了降低突发事件发生的可能性，另一方面是为了减轻事故后果的严重性。

风险处置的目标是选择和实施应对风险的方式。风险应对涉及以下反复优化过程：制定和选择风险应对方案；计划和实施风险应对方案；评估应对的有效性；确定剩余风险是否可接受；如果不能接受，采取进一步应对措施。如果风险处置与前述风险识别、风险评估脱节，那么仍然不能消除风险，不能预防突发事件的发生。

以案说理 **美国挑战者号航天飞机爆炸**

1986年1月28日，美国挑战者号航天飞机在发射升空后不久爆炸解体。调查显示，挑战者号右侧固体火箭推进器尾部一个密封接缝的O形环，由于设计缺陷，在发射前的低温下硬化失效，加压的热气和火焰从紧邻的外加燃料舱的封缝处喷出，导致一连串的连锁反应。发射前，承包商莫顿·塞奥科公司的工程师已经发现这一风险，在发射前天气预报夜间低温的情况下，建议推迟发射，但最终被公司高层否决。负责承包助推器的发射后处理和修复再用的洛克韦尔公司也认为，由于发射台上有冰凌，所以发射是不安全的，但这些情况均未反映给发射决策人。结果，挑战者号航天飞机如期发射，升空后爆炸，原因恰恰是低温导致O形环出现故障。

风险处置要选择风险管控措施。选择最合适的风险应对方案，涉及为实现目标实施此方案带来的潜在收益，与实施成本或由此带来的不利因素之间的权衡。在所有情况下，风险应对选项不一定是相互排斥或完全适合的。应对风险的方案可能涉及以下一项或多项因素：决定不启动或停止实施有风险的活动来避免风险；承担或增加风险以追求机会；消除风险源；改变可能性；改变后果；分担风险，如通过签订合同或购买保险；通过明智的决策保留风险。选择风险应对的理由，不应单纯地考虑成本，还应该考虑到组织的所有义务、自愿承诺和利益相关方的观点。风险应对备选方案的选择应根据组织的目标、风险准则和可用资源来进行。在选择风险应对备选方案时，组织应考虑价值观、认知和潜在涉及的利益相关方，以及与他们沟通和咨询的最佳方式。尽管效果相同的方案，利益相关方也可能有所偏好。即使经过精心设计和实施，风险应对方案也可能达不到预期的效果，而且可能产生预料之外的后果。监督和审查需要成为风险应对方案实施的一个组成部分，以保证不同形式的应对方案持续有效。风险应对还可能引入需要管理的新风险。如果没有合适的应对方案或应对方案没有充分改变风险，则应记录风险并持续进行评估。决策者和其他利益相关方应了解风险应对后剩余风险的特征和水平。剩余风险应形成记录文件并进行监测、审查，并酌情进一步处理。

在经济社会发展规划中，需要统筹考虑风险处置。比如：在自然灾害风险处置方面，要建立自然灾害红线约束机制；强化自然灾害风险区划与各级各类规划融合，完善规划安全风险评估会商机制；加强超大特大城市治理中的风险防控，统筹县域城镇和村庄规划建设，严格控制区域风险等级及风险容量，推进实施地质灾害避险搬迁工程，加快形成有效防控重大安全风险的空间格局和生产生活方式布局；将城市防灾减灾救灾基础设施用地需求纳入当地土地利用年度计划并予以优先保障；完善应急避难场所规划布局，健全避难场所建设标准和评价机制，严禁随意变更应急避难场所和应急基础设施的使用性质；等等。

可以通过提高重大设施设防水平来防范化解灾害风险，提高自然灾害综合治理水平。比如：提升地震灾害、地质灾害、气象灾害、水旱灾害、海洋灾害、森林和草原火灾等自然灾害防御工程标准和重点基础设施设防标准；加强城市内涝治理，实施管网和泵站建设与改造、排涝通道建设、雨水源头减排工程；科学布局防火应急道路和火灾阻隔网络；完善网络型基础设施空间布局，积极推进智能化防控技术应用，增强可替代性，提升极端条件下抗损毁和快速恢复能力；加快推进城市群、重要口岸、主要产业及能源基地、自然灾害多发地区的多通道、多方式、多路径交通建设，提升交通网络系统韧性；推进重大地质灾害隐患工程治理，开展已建治理工程维护加固；开展重点岸段风暴潮漫滩漫堤联合预警，推进沿海地区海堤达标和避风锚地建设，构建沿海防潮防台减灾体系；加强国家供水应急救援基地建设；防范海上溢油、危险化学品泄漏等重大环境风险，提升应对海洋自然灾害和突发环境事件能力。

尤其可以通过加强基础设施建设，提高城乡防灾能力。实施地震易发地区学校、医院、体育馆、图书馆、养老院、儿童福利机构、未成年人救助保护机构、精神卫生福利机构、救助管理机构等公共设施和农村房屋抗震加固。推动基于城市信息模型的防洪排涝智能化管理平台建设。在重点城市群、都市圈和自然灾害多发地市及重点县区，依托现有设施建设集应急指挥、应急演练、物资储备、人员安置等功能于一体的综合性应急避难场所。加强城乡公共消防设施和城镇周边森林草原防火设施建设，开展政府专职消防队伍、地方森林草原消防队伍、企业专职消防队伍达标创建。加强农田、渔港基础设施建设和农村公路、隧道、乡镇渡口渡船隐患整治，实施公路安全生命防护工程、高速公路护栏提质改造和农村公路危桥改造。深入推进农村公路平交路口"一灯一带"示范工程。开展行业单位消防安全示范建设，实施高层建筑、大型商业综合体、城市地下轨道交通、石油化工企业、老旧居民小区等重点场所和易地扶贫搬迁安置场所消防系统改造，打通消防车通道、楼内疏散通道等"生命通道"。

在安全生产领域，可以通过风险管控实现治本攻坚。第一，严格安全准入。加强工业园区等重点区域安全管理，制定危险化学品、烟花爆竹、矿山、工贸等"禁限控"目录，完善危险化学品登记管理数据库和动态统计分析功能，推动建立高危行业领域建设项目安全联合审批制度，强化特别管控危险化学品全生命周期管理。建立更加严格规范的安全准入体系，加强矿用、消防等设备材料安全管理，优化交通运输和渔业船舶等安全技术和安全配置。严格建设项目安全设施同时设计、同时施工、同时投入生产和使用制度，健全重大项目决策安全风险评估与论证机制。推动实施全球化学品统一分类和标签制度。第二，加强隐患治理。完善安全生产隐患分级分类排查治理标准，制定隐患排查治理清单，实现隐患自查自改自报闭环管理。建立危险化学品废弃报告制度。实行重大事故隐患治理逐级挂牌督办、及时整改销号和整改效果评价。推动将企业安全生产信息纳入政府监管部门信息平台，构建政府与企业多级多方联动的风险隐患动态数据库，综合分析研判各类风险，跟踪隐患整改清零。研究将安全风险分级管控和隐患排查治理列入企业安全生产费用支出范围。第三，深化专项整治。深入推进危险化学品、矿山、消防、交通运输、建筑施工、民爆、特种设备、大型商业综合体等重点行业领域安全整治，解决影响制约安全生产的薄弱环节和突出问题，督促企业严格安全管理、加大安全投入、落实风险管控措施。结合深化供给侧结构性改革，推动安全基础薄弱、安全保障能力低下且整改后仍不达标的企业退出市场。统筹考虑危险化学品企业搬迁和项目建设审批，优先保障符合条件企业的搬迁用地。持续推进企业安全生产标准化建设，实现安全管理、操作行为、设施设备和作业环境规范化。推动淘汰落后技术、工艺、材料和设备，加大重点设施设备、仪器仪表检验检测力度。推动各类金融机构出台优惠贷款等金融类产品，大力推广新技术、新工艺、新材料和新装备，实施智能化矿山、智能化工厂、数字化车间改造，开展智能化作业和危险岗位机器人替代示范。强化危险废物全过程监管，动态修订《国家危险废物名录》，修订危险废物鉴别、贮存以及水泥窑协同处置污染控制等标准，制定完善危险废物重点监管单位清单。建立废弃危险化学品等危险废物监管协作和联合执法工作机制，加强危险废物监管能力与应急处置技术支持能力建设。第四，加强安全生产预防工程建设。实施化工园区安全提质和危险化学品企业安全改造工程，以危险工艺本质安全提升与自动化改造、安全防护距离达标改造、危险源监测预警系统建设为重点，推进化工园区示范创建，建设化工园区风险评估与分级管控平台。推进城镇人口密集区危险化学品生产企业搬迁改造。开展煤矿瓦斯综合治理和水害、火灾、冲击地压等重大灾害治理。完成尾矿库"头顶库"安全治理及无生产经营主体尾矿库、长期停用尾矿库闭库治理。实施"工业互联网＋安全生产"融合应用工程，建设行业分中心和数据支撑平台，建立安全生产数据目录。

2016年国务院安全生产委员会办公室印发了《实施遏制重特大事故工作指南构建双重预防机制的意见》，要求坚持风险预控、关口前移，全面推行安全风险分级管控，进一步强化隐患排查治理，尽快建立健全相关工作制度和规范，完善技术工程支撑、智能化管控、第三方专业化服务的保障措施，实现企业安全风险自辨自控、隐患自查自治，形成政府领导有力、部门监管有效、企业责任落实、社会参与有序的工作格局，提升安全生产整体预控能力，夯实遏制重特大事故的坚强基础。

2017年国务院办公厅印发了《关于推进城镇人口密集区危险化学品生产企业搬迁改造的指导意见》，要求到2025年，城镇人口密集区现有不符合安全和卫生防护距离要求的危险化学品生产企业就地改造达标、搬迁进入规范化工园区或关闭退出，企业安全和环境风险大幅降低。其中：中小型企业和存在重大风险隐患的大型企业2018年底前全部启动搬迁改造，2020年底前完成；其他大型企业和特大型企业2020年底前全部启动搬迁改造，2025年底前完成。

2020年国务院安委会印发《全国安全生产专项整治三年行动计划》，围绕"从根本消除事故隐患"，制定了全国安全生产专项整治三年行动计划总方案和2个专题实施方案、9个专项整治实施方案，推动各地区各部门加强整治督导，细化问题隐患和制度措施"两个清单"。截至2021年底，累计排查安全隐患4858万处。组织对2.3万处危化品重大危险源逐一开展两轮检查督导，对全国358家大型油气储存基地全覆盖开展安全风险评估，深化非法违法"小化工"、精细化工"四个清零"专项整治；矿山安全大排查和矿山外包工程、整合煤矿、托管煤矿等专项整治扎实推进；"商渔共治"机制成效明显；"两客一危"和用作经营的农村自建房、电动自行车等整治取得新进展。

⚖ 法律法规

第四条　生产经营单位必须……构建安全风险分级管控和隐患排查治理双重预防机制，健全风险防范化解机制，提高安全生产水平，确保安全生产。

第四十一条　生产经营单位应当建立安全风险分级管控制度，按照安全风险分级采取相应的管控措施。

生产经营单位应当建立健全并落实生产安全事故隐患排查治理制度，采取技术、管理措施，及时发现并消除事故隐患。事故隐患排查治理情况应当如实记录，并通过职工大会或者职工代表大会、信息公示栏等方式向从业人员通报。其中，重大事故隐患排查治理情况应当及时向负有安全生产监督管理职责的部门和职工大会或者职工代表大会报告。

县级以上地方各级人民政府负有安全生产监督管理职责的部门应当将重大事故隐患纳入相关信息系统，建立健全重大事故隐患治理督办制度，督促生产经营单位消除重大事故隐患。

——《中华人民共和国安全生产法》

在社会治理领域，基层矛盾纠纷化解是预防社会治安风险的有效方式。在坚持和发展新时代"枫桥经验"的基础上，各地不断规范和畅通群众表达诉求的渠道和方式（比如，社会矛盾纠纷多元预防调处化解综合机制，以及互联网表达诉求和热线电话形式等），促进了信息反馈渠道的畅通无阻，权益保障通道便捷快速，利益相关方协调高效有力，社会矛盾风险研判准确及时，能够将社会矛盾纠纷化解真正留在基层，促进群众反映的社会问题和矛盾纠纷不上交。有的地方继续深化落实诉讼与信访分离制度，促进了依法分类处理信访诉求，大幅减少了涉法涉诉的信访事件。有的地方充分发挥人民调解的第一道防线作用，完善人民内部、行政部门、司法机构的多方调解联动工作机制。《法治社会建设实施纲要（2020—2025年）》提出："县（市、区、旗）探索在矛盾纠纷多发领域建立'一站式'纠纷解决机制。加强农村土地承包经营纠纷调解仲裁、劳动人事争议调解仲裁工作。加强行政复议、行政调解、行政裁决工作，发挥行政机关化解纠纷的'分流阀'作用。推动仲裁委员会积极参与基层社会纠纷解决，支持仲裁融入基层社会治理。"这项制度设计不仅有助于运用法治思维解决社会矛盾纠纷，还有利于促进社会治理朝着法治化的方向深入。

📋 **理论链接**

在社会基层坚持和发展新时代"枫桥经验"，完善正确处理新形势下人民内部矛盾机制，加强和改进人民信访工作，畅通和规范群众诉求表达、利益协调、权益保障通道，完善网格化管理、精细化服务、信息化支撑的基层治理平台，健全城乡社区治理体系，及时把矛盾纠纷化解在基层、化解在萌芽状态。

——习近平：在中国共产党第二十次全国代表大会上的报告（2022年10月16日）

⚖️ **法律法规**

第二十九条　国家健全有效预防和化解社会矛盾的体制机制，健全公共安全体系，积极预防、减少和化解社会矛盾，妥善处置公共卫生、社会安全等影响国家安全和社会稳定的突发事件，促进社会和谐，维护公共安全和社会安定。

——《中华人民共和国国家安全法》

以案说理　　徐州"梳网清格"防范化解基层风险隐患

　　2019年以来，徐州市公安部门在全省开展网格化社会治理工作过程中，面对不稳定性不确定性明显增加、社会治安维稳形势日益严峻复杂的实际，创新性地开展了"梳网清格"新实践。"梳网清格"的核心要义是单元梳清和多元共治，根基是"警格"与"网格"的融合，即科学细分警务社区，对接并融合"网格"，将警力与社区自治组织、社会力量在"格"中实现对接汇聚，信息资源在"格"中实现共享融合，将管理与服务推向"最后一公里"。"梳网清格"的关键是"三梳六清"："三梳"即梳理不放心的人、存隐患的物、有风险的事；"六清"即清查重点区域、清理空管房屋、清缴嫌疑物品、清除安全隐患、清扫丑恶现象、清洗系统数据。采取"合围、检查、甄别、处置、宣传和治理"等手段，实现"六个到位"，即重点人员梳清管控到位、危险物品梳清管理到位、矛盾纠纷梳清化解到位、安全隐患梳清整改到位、风险事端梳清防控到位、异常信息梳清采集到位。"梳网清格"创新性贯彻了中央关于社会治理的相关精神，主动融入市域社会治理大局，强化部门联动，充分发挥公安机关基层社会治理主力军作用，创新实施"梳网清格"。全面加强对各类风险隐患的源头治理、早期控制，形成了全过程、全要素、全场景的动态治理、系统治理。"梳网清格"必须充分依靠群众、深入发动群众、积极组织群众，把区域治理、部门治理、行业治理、基层治理、单位治理有机结合起来，真正实现了治理过程让群众参与、治理成效让群众评判、治理成果让群众共享。

　　"梳网清格"实施后效果显著。紧盯隐患排查化解的"最后一米"，建立健全"人、事、物、网、图"等基础数据的系统梳理、定期研判、专题调度机制，变"被动应对"为"主动作为"，变"平均用力"为"重点发力"，变"单兵作战"为"集中会战"，变"治标成果"为"治本成效"，坚持常态梳清和专项梳清相结合，切实把辖区的所有问题隐患排查见底、整治彻底，以一个个网格的"小平安"，累积了全市的"大平安"。将治理理论与基层实践有效结合，紧盯"人"这一核心要素，按照网格化治理、精准化服务、信息化支撑的思路，强化领导机制、细化工作措施、优化勤务模式，从操作层面明确了如何实现"多元共治""社会善治""长效长治"的方法路径。"梳网清格"通过聚焦最小单元、凝聚最强力量、解决最突出问题，有效推动警力向网格延伸、要素向网格集中、服务在网格进行、矛盾在网格化解、问题在网格解决，通过实践探索总结出一条可复制、行得通、实用管用的有效治理方案，大大提升了基层治理工作效能和人民群众安全感、满意度。

不是所有风险都可以预防，也不是所有事件都会立即形成危害。在突发事件萌发与成灾之间，为避免或减轻危害提供了机会，这个机会就是危机预警。在预防能力之后，预警能力为应急处突提供了第二道闸门。

一、预警价值

一旦预防失效，应急处突的下一个关口就应该是预警。预警是在突发事件发生之后、成灾之前，或者显示迹象之后、爆发之前，能够根据以往规律或观测尽早发现前兆、苗头、趋势，向相关部门或社会公众发出紧急信号，报告危险情况，从而能够提前作出应对措施，以避免在不知情或准备不足的情况下形成危机，从而将突发事件处置在萌芽状态，或最大限度减轻其所造成的冲击和损害。

之所以需要对突发事件进行预警，是因为预防并不能杜绝突发事件的发生。第一，无论排查防范措施多么完备、工作多么努力，在概率上总是存在未能预防的突发事件，令人防不胜防。第二，实践中我们在预防各类突发事件方面仍然有大量的短板弱项或工作疏漏。第三，有些类型的突发事件是难以预防或者无从预防的，比如地震等自然灾害。第四，人类社会总是存在众多未知风险以"黑天鹅"形式突然降临。第五，突发事件爆发前，往往有迹可循。

突发事件预警意义之所以重大，是因为突发事件从显示迹象到爆发以及从发生到成灾，都需要一个酝酿过程；如果能够把握住这个时间差，提早进行处置或作出应对准备，就为将突发事件化解在萌芽状态或降低冲击、减轻危害提供了机会。

能不能做到有效预警，应急处突的效果往往大相径庭。预警与预防在对象、作用点和目标等方面都不相同。预防的对象是风险隐患，作用点在事发之前，目标是避免形成事件。预警的对象是突发事件或事态，作用点在事发之初或出现爆发迹象之后，目标是避免形成危机或危害。

📖 延伸阅读

海啸及其监测预警系统

根据联合国2018年公布的数据，在过去100年里，58场海啸夺走逾26万人的生命，平均每场海啸造成4600人丧生。这其中，尤以2004年12月26日发生的印度洋海啸死亡人数最多。当时，印度尼西亚苏门答腊岛发生8.9级特大地震，并引发大规模海啸，波及包括非洲东海岸在内的印度洋沿岸的多个国家。这场突如其来的灾难给印度尼西亚、斯里兰卡、泰国、印度、马尔代夫等国造成巨大的人员伤亡和财产损失。截至2006年末的统计数据显示，印度洋大地震和海啸以及所造成的瘟疫灾害已经造成近30万人死亡，这可能是世界近200多年来死亡最惨重的海啸灾难。

印度洋海啸发生前，由于印度洋沿岸各国在历史上几乎没有遭受过大规模的海啸袭击，而且印度洋的地震活动也不如太平洋剧烈，所以没有建立印度洋海啸预警系统，区域内各国也没有自己的海啸预警机构。印度洋海啸发生时，太平洋海啸预警系统曾经在监测到地震后向印度洋沿岸各国发出过海啸预警，但各国接到警报后却不知道该如何处理，让宝贵的时间白白浪费掉了，最终导致悲剧发生。

面对海啸灾害，最重要的措施是建立和完善海啸监测和预警系统。印度洋海啸发生前，太平洋海啸预警系统是当时唯一的多国海啸预警系统。该系统是因1964年9.2级海震带来的海啸而在1965年建立的，包括日本、澳大利亚等环绕太平洋的26个国家都参与其中。同时，日本由于海啸发生最多，建有只为本土服务的海啸预警系统，并达到世界先进水平。2004年印度洋大地震发生以后，日本海啸监测预警系统就迅速得出结论：海啸不会影响日本。

印度洋海啸发生后，印度洋海啸预警系统于2006年7月初步建成，包括26个海啸信息国家中心，能够24小时不间断地接受和传递地震、海啸信息，并拥有25个新建的观察站，其数据可实时传送到分析中心。2009年10月16日联合国教科文组织成功发起大型印度洋海啸系统演习，有超过20个国家参加，测试了该预警系统运行的效果。目前全球范围内主要有4个国际性海啸预警系统，分别是太平洋海啸预警系统、印度洋海啸预警系统、加勒比海啸预警系统和东北大西洋与地中海海啸预警系统。

我国自1983年加入太平洋海啸预警系统，相较于其他国家起步较晚。20世纪90年代，国家海洋局组织开发了太平洋海啸资料数据库、太平洋海啸传播数值预报模式，以及越洋、局地海啸数值预报模式。2012年，我国设立国家海洋局海啸预警中心。2018年，我国承建的南中国海区域海啸预警中心正式开展业务化试运行。我国在海啸预警业务领域具备了独立的海底地震监测能力，并实现了全球及区域海底地震的实时监测，标志着我国初步具备了对全球海底地震及其引发海啸的自动化监测预警能力。

在现实中，很多突发事件之所以缺乏及时有效的预警，其原因有多种。第一，缺乏专门的预警机构。有些领域的预警需要专门或专业的机构、技术、设备、人员和信息系统作保障。第二，缺乏专门的预警机制。许多组织没有设计预警功能，它们一点儿也没有准备去搜集要求超越它们授权范围之外的信息。第三，忽略了预警信息。预警要求不间断地搜集关于反常的危机信息；然而，大部分机构更关注的是政绩，而不是花费大量的时间和资源来搜集这类预警信息。第四，预警信息的碎片化。研究表明，许多用以预测正在形成的危机的线索，通常可以在负责预防灾难的组织某处得到。这些信息碎片可能来自不同的部门和渠道，以至于部门间不能分享信息，或者对分享到的信息选择忽视。决策者在一切都变得太晚前，往往不能把这些危机信息的碎片拼合起来。即使一个危机的组合图片出现了，这一信息并不总能传达到高层决策者那里。

以案说理 **美国纽约"9·11"恐怖袭击事件**

美国"9·11"事件调查发现，事发前不同领域的情报人员和美国联邦调查局的地区办公室忽视、延误了单独看来不能说明任何事情的信息上报、共享、研判。当把这些信息与中央情报局的信息拼合之后，就可能及时改变权威当局的看法。但是，没有一个机构能够掌握所有的相关信息。联邦调查局没有能力将特工实地搜集的情报同国家优先处理的问题联系起来。

近年来，我国制定出台了一系列政策法规，推动建立和规范了突发事件预警制度体系。2005年国务院颁布的《国家突发公共事件总体应急预案》要求各地各部门针对可能发生的突发事件，完善预测预警机制，建立预测预警系统。2007年颁布的《中华人民共和国突发事件应对法》明确规定国家建立健全突发事件监测和预警制度。2011年7月，国务院办公厅下发《关于加强气象灾害监测预警及信息发布工作的意见》，要求尽快形成规范统一的预警信息发布体系。2015年国务院办公厅秘书局印发《国家突发事件预警信息发布系统运行管理办法（试行）》，标志着全国形成统一的预警发布系统管理机制。2020年10月，党的十九届五中全会审议通过的《中共中央关于制定国民经济和社会发展第十四个五年规划和二〇三五年远景目标的建议》提出：改革疾病预防控制体系，强化监测预警、风险评估、流行病学调查、检验检测、应急处置等功能；完善突发公共卫生事件监测预警处置机制，健全医疗救治、科技支撑、物资保障体系，提高应对突发公共卫生事件能力。

二、信息监测

能够敏锐地预判到突发事件的发生，是领导干部的一个优秀品质。

然而，在现代风险社会，仅仅通过领导干部的灵光闪现来预警突发事件肯定是靠不住的。更多时候，需要依靠包含制度、网络、技术等多种资源综

📖 **理论链接**

坐在指挥台上，如果什么也看不见，就不能叫领导。坐在指挥台上，只看见地平线上已经出现的大量的普遍的东西，那是平平常常的，也不能算领导。只有当着还没有出现大量的明显的东西的时候，当桅杆顶刚刚露出的时候，就能看出这是要发展成为大量的普遍的东西，并能掌握住它，这才叫领导。

——毛泽东：在中国共产党的第七次全国代表大会上的讲话（1945年5月31日）。

合构成的监测预警体系来实现对突发事件的预警。

国家建立健全突发事件监测制度。政府及其有关部门应当根据自然灾害、事故灾难和公共卫生事件的种类和特点，建立健全基础信息数据库，完善监测网络，划分监测区域，确定监测点，明确监测项目，提供必要的设备、设施，配备专职或者兼职人员，对可能发生的突发事件进行监测。

对于灾害事故，应着力发挥事态监测的作用，对灾害全过程的各种信息进行测量和分析，包括致灾因子、孕灾环境、承灾体等，用以确定灾害的强度、等级、范围和影响等。灾害监测的主要手段和方法有遥感监测、地面监测、群测群防、舆情监测、音频监测等。其发展方向，应充分利用物联网、工业互联网、遥感、视频识别、第五代移动通信（5G）等技术提高灾害事故监测感知能力，优化自然灾害监测站网布局，完善应急卫星观测星座，构建空、天、地、海一体化全域覆盖的灾害事故监测预警网络；广泛部署智能化、网络化、集成化、微型化感知终端，高危行业安全监测监控实行全国联网或省（自治区、直辖市）范围内区域联网；完善综合风险预警制度，增强风险早期识别能力，发展精细化气象灾害预警预报体系，优化地震长中短临和震后趋势预测业务，提高安全风险预警公共服务水平。

灾害监测领域主要包括气象灾害监测、水旱灾害监测、森林草原火灾监测、地质灾害监测、地震灾害监测等，应注重监测预警网络建设。实施自然灾害监测预警信息化工程，建设国家风险监测感知与预警平台，完善地震、地质、气象、森林草原火灾、海洋、农业等自然灾害监测站网，增加重点区域自然灾害监测核心基础站点和常规观测站点密度，完善灾害风险隐患信息报送系统；建设沙尘暴灾害应急处置信息管理平台，在主要沙尘源区试点布设沙尘暴自动监测站；升级覆盖危险化学品、矿山、烟花爆竹、尾矿库、工贸及油气管道等重点企业的监测预警网络；推进城市电力、燃气、供水、排水管网和桥梁等城市生命线及地质灾害隐患点、重大危险源的城乡安全监测预警网络建设；加快完善城乡安全风险监测预警公共信息平台，整合安全生产、自然灾害、公共卫生等行业领域监测系统，汇聚物联网感知数据、业务数据以及视频监控数据，实现城乡安全风险监测预警"一网统管"；建设基于云架构的新一代国家突发事件预警信息发布系统。稳步推进卫星遥感网建设，开发应急减灾卫星综合应用系统和自主运行管理平台，推动空基卫星遥感网在防灾减灾救灾、应急救援管理中的应用。

"早发现、早报告、早隔离、早治疗"是传染病防治的核心措施，其中传染病监测预警是实现"四早"的关键。自2003年非典事件冲击之后，我国逐步建立了公共卫生事件监测体系，制定了系列制度规范，形成了以突发公共卫生事件报告管理信息系统和互联网来源事件信息监测为主的突发公共卫生事件监测方式。突发公共卫生事件报告管理系统于2004年1月1日在全国范围内正式启动，其基本性质为法定报告、被动报告、覆盖全国（港澳台地区除外）、实时网络直报，凡是达到报告标准的事件，均应通过该系统进行报告。互联网来源事件信息监测利用信息技术对互联网上公开的信息进行检索、过滤和分析，是传统事件监测的重要补充。此外，国际机构及国内部门间信息交流通报、法定传染病监测系统、各类疾病及健康危害因素监测系统、全国统一举报电话等也成为突发公共卫生事件监测信息的辅助来源。2019年末始发的新冠肺炎疫情，暴露出我国现有公共卫生监测预警系统存在明显的短板和不足。

需要意识到，并非所有突发事件都能够得到有效预警。这不仅和预警能力有关，也和预警对象有关。

📖 **延伸阅读**

地震预警

地震多、强度大、分布广、灾害重是我国的一个基本国情。我国超过58%的大陆国土面积和将近55%的人口处于7度以上的地震高烈度区，平均每年由地震造成的直接经济损失占各种自然灾害直接经济损失的16.5%。同时，随着我国经济快速发展和城市化进程加快，核电站、大型水坝等重大基础设施不断涌现，高速铁路、供油供气长输管线、城市管网等生命线工程日趋密集、复杂，许多城市的重大基础设施和生命线工程都面临着强地震威胁。一旦遭遇强烈地震，不仅危及工程本身的安全，造成经济损失和人员伤亡，还可能造成极为严重的次生灾害和难以估量的间接经济损失，影响国民经济可持续发展和社会稳定。我国的震情、灾情客观决定了需要发展减轻灾害风险的多种措施和手段，包括加强地震预测预报，减轻地震灾害损失，这是提高地震灾害风险治理的客观要求。

地震预警，是在地震发生后，利用震源附近各类密集的地震观测站点监测到的地震波初期信息，快速估计地震参数并预测地震对周边地区的影响，抢在破坏性地震波到达目标区域之前，发布地震波来袭警报，使公众获取几秒至几十秒逃生避险的宝贵时间，使高铁、危化企业、精密仪器制造等重要工程和设施提早采取地震应急处置措施，进而减轻人员伤亡和社会财产损失。按照国内外的相关研究，对破坏性大地震，如果有效地产出、接收地震预警信息，并采取有效的紧急避险和紧急处置措施，可减少人员伤亡五成以上。

20世纪60年代，苏联、日本、美国等相继应用现代科学技术有计划地开展了地震预报研究。我国自1966年邢台地震后开始大规模地震预报的实践探索，基本与上述主要地震研究国家同步。经过50多年的努力，我们在观测仪器的研制、监测系统的建设、预报经验的积累等方面有了很大进展。

地震灾害的发生具有突发性，往往出乎预料。地震预报还处于研究阶段，对于绝大多数地震还不能作出临震预报。作为地球科学的前沿领域，地震预报至今仍是一个难于突破的世界性难题。我国当前的预报水平仍然很低，能作出预报的地震还只占极少数，当前地震预报仍停留在有限的经验基础之上。地震的突发性使得人们在地震发生时不仅没有组织和心理等方面的准备，而且难以采取人员撤离等应急措施进行应对。

三、信息研判

政府应建立健全专门的突发事件预警研判机制，及时汇总分析突发事件隐患和预警信息。必要时组织相关部门、专业技术人员、专家学者进行会商，对发生突发事件的可能性及其可能造成的影响进行评估。认为可能发生重大或者特别重大突发事件的，应当立即向上级政府报告，并向上级政府有关部门、当地驻军和可能受到危害的毗邻或者相关地区的政府通报。

自然灾害、事故灾难和公共卫生事件的预警级别，按照突发事件发生的紧急程度、发展势态和可能造成的危害程度分为Ⅰ级、Ⅱ级、Ⅲ级和Ⅳ级，分别用红色、橙色、黄色和蓝色标示，Ⅰ级为最高级别。预警级别的划分标准由国务院或者国务院确定的部门制定。

发布Ⅲ级、Ⅳ级警报，宣布进入预警期后，当地政府应当根据即将发生的突发事件的特点和可能造成的危害采取下列措施：启动应急预案；责令有关部门、专业机构、监测网点和负有特定职责的人员及时收集、报告有关信息，向社会公布反映突发事件信息的渠道，加强对突发事件发生及发展情况的监测、预报和预警工作；组织有关部门和机构、专业技术人员、有关专家学者，随时对突发事件信息进行分析评估，预测发生突发事件可能性的大小、影响范围和强度，以及可能发生的突发事件的级别；定时向社会发布与公众有关的突发事件预测信息和分析评估结果，并对相关信息的报道工作进行管理；及时按照有关规定向社会发布可能受到突发事件危害的警告，宣传避免、减轻危害的常识，公布咨询电话。

发布Ⅰ级、Ⅱ级警报，宣布进入预警期后，当地政府除采取上述Ⅲ、Ⅳ级警报规定的措施外，还应当针对即将发生的突发事件的特点和可能造成的危害，采取下列一项或者多项措施：责令应急救援队伍、负有特定职责的人员进入待命状态，并动员后备人员做好参加应急救援和处置工作的准备；调集应急救援所需物资、设备、工具，准备应急设施和避难场所，并确保其处于良好状态、随时可以投入正常使用；加强对重点单位、重要部位和重要基础设施的安全保卫，维护社会治安秩序；采取必要措施，确保交通、通信、供水、排水、供电、供气、供热等公共设施的安全和正常运行；及时向社会发布有关采取特定措施避免或者减轻危害的建议、劝告；转移、疏散或者撤离易受突发事件危害的人员并予以妥善安置，转移重要财产；关闭或者限制使用易受突发事件危害的场所，控制或者限制容易导致危害扩大的公共场所的活动；法律、法规、规章规定的其他必要的防范性、保护性措施。

以案说理 **2004年北非蝗灾**

2003年10月，联合国粮食及农业组织（FAO）警告说，不正常的降雨在北非的阿特拉斯山脉为蝗虫的滋生繁殖提供了非常理想的条件。相关地区什么反应都没有，危机却正如预测那样开始显现。2004年夏季，蝗虫群侵入非洲西北部，毁坏了小农场主们的生计。尽管有如此明白的沟通和准确的警告，一场本可阻止的危机却在这个地区造成严重的破坏。

四、预警发布

可以预警的自然灾害、事故灾难、公共卫生事件即将发生或者发生的可能性增大时，当地政府应当根据有关法律、行政法规和国务院规定的权限和程序，发布相应级别的警报，决定并宣布有关地区进入预警期，同时向上一级政府报告，必要时可以越级上报；具备条件的，应当进行网络直报或者自动速报，并向当地驻军和可能受到危害的毗邻或者相关地区的政府通报。

在现阶段，我国突发事件预警信息发布渠道大致可以分为两种类型：第一种是综合性预警信息发布平台，主要以国家系统和国家应急广播为代表；第二种是行业性预警信息发布平台，涵盖了应急、气象、水利、农业、地震、交通、森林、海洋等多个领域。

自然灾害是预警信息发布最为常见的领域。灾害预警信息发布主要依托国家预警信息发布中心和突发事件预警信息平台，主要媒介包括短信、传真、邮件、大喇叭、电子显示屏、电视插播、呼叫中心、网站、微博、微信、手机App、北斗卫星、广播电台、海洋电台、互联网终端等。其中，国家预警信息发布中心是面向政府和社会公众提供综合预警信息的重要机构，由中国气象局承建，主要承担国家预警发布系统建设与运行维护，为相关部门发布预警信息提供综合发布渠道。目前已建立了国家、省、市、县四级发布机构，具备了对自然灾害、事故灾难、公共卫生三大类突发事件预警信息的接受、处理和及时发布能力。国家预警信息发布中心已与气象、海洋、地质灾害、外交等各类预警信息发布平台开展对接。突发事件预警信息发布平台依托国家预警信息发布中心现有业务系统扩建，整合社会公共媒体、部门和行业各种预警信息发布资源，建立突发事件预警信息发布渠道，利用技术手段扩大预警信息覆盖范围，满足突发事件预警信息相关部门发布需求，提高突发事件综合防御和处置能力。

突发事件预警信息发布应当建立标准体系。优化发布方式，拓展发布渠道和发布语种，提升发布覆盖率、精准度和时效性，强化针对特定区域、特定人群、特定时间的精准发布能力。预警信息包括突发公共事件的类别、预警级别、起始时间、可能影响范围、警示事项、应采取的措施和发布机关等。预警信息的发布、调整和解除可通过广播、电视、报刊、通信、信息网络、警报器、宣传车或组织人员逐户通知等方式进行，对老、幼、病、残、孕等特殊人群以及学校等特殊场所和警报盲区应当采取有针对性的公告方式。建立重大活动风险提示告知制度和重大灾害性天气停工停课停业制度，明确风险等级和安全措施要求。推进跨部门、跨地域的灾害事故预警信息共享。发布突发事件警报的人民政府应当根据事态的发展，按照有关规定适时调整预警级别并重新发布。有关事实证明不可能发生突发事件或者危险已经解除的，发布警报的人民政府应当立即宣布解除警报，终止预警期，并解除已经采取的有关措施。

需要说明的是，预警发布后并不必然进入应急处置状态。通常，预警部门与行动部门并不一致。在实践中，这和决策者对预警信息的重视程度有关，也和决策者的以往经验有关。行动部门可能并不认为所预警的事件或事态会带来实质性的灾害，也就不会采取专门的应对措施。

以案说理　**河南郑州"7·20"特大暴雨预警及其应急响应**[①]

2021年7月17日至23日，河南省遭遇历史罕见特大暴雨。降雨过程17日至18日主要发生在豫北（焦作、新乡、鹤壁、安阳）；19日至20日暴

---

① 摘编自《河南郑州"7·20"特大暴雨灾害调查报告》及国务院调查组相关负责人答记者问。

雨中心南移至郑州，发生长历时特大暴雨；21日至22日暴雨中心再次北移，23日逐渐减弱结束。在这轮强降雨之前，气象部门已经作出了预报，从7月19日晚到20日16:30前，郑州气象局和河南省气象台分别接连发布了5次级别最高的暴雨红色预警。

然而，在这次灾害来临前，郑州市主要负责人主观上认为北方的雨不会太大、风险主要在黄河和水库，对郑州遭遇特大暴雨造成严重内涝和山洪"没想到"。这种麻痹思想和经验主义在北方城市的不少领导干部身上也同样存在，一些领导干部在北方常年干旱的环境下失去了对重大洪涝灾害的警惕性，对全球气候变暖背景下极端气象灾害的多发性、危害性认识不足，严重缺乏风险意识和底线思维；没有把历史和他人的教训当作自己的教训，对北京"7·21"、邢台"7·19"等北方城市暴雨导致严重伤亡的教训没有深刻汲取；对城镇化发展进程中的安全风险缺乏调查研究，不知道风险在哪里、底线是什么，应急准备严重不足，以致灾难来临时江心补漏、为时已晚。说到底还是学习贯彻习近平总书记关于防范风险挑战重要论述没有入脑入心，政治判断力、政治领悟力、政治执行力不强，对人民生命、政治责任缺乏敬畏。这是主观上造成这场不可挽回的损失的根本原因，也是全国各地和各级领导干部首先要从中汲取的深刻教训。

灾害性天气预报与灾害预警混淆，预警发布部门分割，防灾避灾措施针对性、有效性、强制性不足，缺乏统一权威高效的预警发布机制；预警与响应联动机制不健全，以气象灾害预报信息为先导的防汛应急响应机制尚未有效建立，应急预案实用性不强。这些因素共同导致应急响应严重滞后，生命和财产损失惨重。常庄水库发生重大险情，郑州市应急行动与预报信息发布明显脱节，未及时对暴雨红色预警组织综合研判，未按规定要求及时启动Ⅰ级应急响应。由于应对措施不精准不得力，以常态化措施应对重大雨情汛情，没有按红色预警果断采取停止集会、停课、停业措施，因此错失了有效避免大量人员伤亡的时机。直到20日16:01气象部门发布第5次红色预警，郑州市才于16:30启动Ⅰ级应急响应，但为时已晚、灾难已经发生，山丘区4市人员死亡失踪时间90%以上集中在郑州市Ⅰ级应急响应启动前的当日13时至15时。这次特大暴雨灾害共造成郑州直接经济损失409亿元，占全省的34.1%；因灾死亡失踪380人，占全省的95.5%。

第四章

预案能力：发现快响应

从前文所述可知，突发事件往往防不胜防，甚至无法有效预警。如果没有在源头上做到预防突发事件，也没有能够在突发事件萌发时及时预警，那么我们希望决策者在突发事件发生后即刻拿到一份应急预案，作为紧急介入突发事件的参考依据，从而能够不慌不乱、抓住要点、快速响应，及时有效地对突发事件进行紧急处置并安排救助救援，控制事态发展，减少损害。这是有效应急处突的第三道闸门。

一、预案定位

应急预案，顾名思义，就是针对可能发生的突发事件，为保证依法、迅速、科学、有序、有效地开展紧急应对与救援行动，降低人员伤亡和经济损失而预先制订的有关计划和方案。实践中，我们一般都要求突发公共事件发生后，事发地政府或者有关部门在报告突发公共事件信息的同时，要根据职责和规定的权限启动相关应急预案，及时、有效地进行处置。预案不是万能的，没有预案也是万万不能的。

不可否认，实践中应急预案在紧急状态下并不好用的情况十分普遍。为了更好发挥好应急预案的作用，需要针对具体预案和使用场景来具体分析。其中，有一种情况需要特别关注，那就是合理界定其在突发事件处置中的功能定位，明确哪些是必须写入预案的，哪些则无关紧要。需要指出的是，应急预案体系经过多年建设，仍存在功能定位不准确、动态更新滞后，以及系统性、衔接性、可操作性和实用性不足等问题，距离应急预案好用管用仍存在不小差距。2012年2月，国务院应急办针对各方建言，利用一年多时间，通过多次调研、专家座谈和全面系统文献梳理，指出了我国应急预案体系建设存在的诸多问题，其中功能定位不清是首要问题。①2004—2005年全国开始大规模编制应急预案时，正是我国应急体系建设的初始阶段，应急队伍、物资、装备、设施等还不健全、不完善，应急预案承担了推进应急体系建设的任务。但随着应急体系建设规划的编制实施，应急预案是否还包含这些内容值得商榷。2013年10月，国务院办公厅印发《突发事件应急预案管理办法》，但并没有能够从根本上厘清应急预案的功能定位问题。《国家突发公共事件总体应急预案》自2005年发布至今17年，积累了大量突发事件经验和教训，经历了应急管理体制重大变革，仍未完成修订，其主要原因也在于其功能定位的争议。应急预案功能定位问题不解决，应急预案不好用、不管用、没人用的尴尬处境将难以得到根本改变。

应急预案的实质，就是突发事件发生前的"预决策"。相应地，在应急处置中根据实际情况所作的是"应急决策"。之所以要作这个"预决策"，是为了减少突发事件应对初期的混乱无序，能够从容作出及时、合理、有效的"第一反应"，避免在混乱慌乱之中贻误战机、决策缺位，无法有效指挥调度，以及重压之下"应急决策"发生低级失误等情况。在

---

① 国务院应急办：《全国应急预案体系建设情况调研报告》，载《中国应急管理》2013年第1期。

突发事件处置中，事件发生发展千变万化、无法完全预测，起主导作用的仍应是根据实际情况作出的应急决策，应急预案作为"预决策"，只能是应急决策的补充而非替代。

因此，应急预案应该有所为有所不为。首先，应急预案主要在突发事件初期发挥作用，是对突发事件所能作出的第一反应，而非贯穿突发事件处置整个过程，延伸到事前和事后的意义更加大打折扣。因此，应急预案仅应定位于事发后的应对工作方案，侧重规范应急响应措施，强调怎么做、谁来做、拿什么做等具体问题。其次，应急预案基本内容是应对突发事件的"基本动作"，这些基本动作应具有通用性，可以适应特定类型或领域的多数突发事件情况。再次，应急预案要简单明了，决不能长篇大论、求全求大，要在突发事件发生后的紧急情况下，能让决策者拿起来就能看明白、抓住要点。标准化是应急预案的发展方向。最后，应急预案只是一个应对突发事件的参考方案，而不是应对日常工作中必须遵守的标准业务流程（SOP，standard operating procedure），更不是具有法律效力的政策法规。某种程度上可以把应急预案看作一个想象中的剧本，是否依照这个剧本来演，仍然完全取决于决策者的临时决断。决策者要对决策本身负责，而非对是否遵守预案负责。

同时，要提高应急预案的针对性、有效性，必须加强对特定类型或领域突发事件的实践性总结和规律性研究。在辨识和评估潜在的重大危险、事件类型、发生的可能性及发生过程、事件后果及影响严重程度的基础上，对突发事件过程中的应急机构与职责、人员、技术、装备、设施（设备）、物资、救援行动及其指挥与协调等方面预先作出具体安排，明确谁负责做什么、何时做，以及相应的处置方法和资源装备等。

二、预案要点

（一）信息报告

各级政府应当建立或者确定本地区统一的突发事件信息系统，汇集、储存、分析、传输有关突发事件的信息，并与上级政府及其有关部门、下级政府及其有关部门、专业机构、检测网点和重点企业的突发事件信息系统实现互联互通，加强跨部门、跨地区的信息共享与情报合作。

突发事件发生后，地方各级政府及其主管部门应当按照国家有关规定向上级政府及其主管部门及时报告突发事件信息。根据《国家突发公共事件总体应急预案》，特别重大或者重大突发公共事件发生后，各地区、各部门要立即报告，最迟不得超过4小时，同时通报有关地区和部门。应急处置过程中，要及时续报有关情况。专业机构、检测网点和信息报告员应当及时向所在地政府及其有关主管部门报告突发事件信息。尤其突发事件发生地政府不能消除或者不能有效控制突发事件引起的严重社会危害的，应当及时向上级人民政府报告。必要时可以越级上报。具备条件的，应当进行网络直报或者自动速报。报送、报告突发事件信息应当做到及时、客观、真实，不得迟报、谎报、瞒报、漏报，不得授意他人迟报、谎报、瞒报，不得阻碍他人报告。

应急信息是突发事件应对的关键，应急预案应该包含这一内容。政府及其有关部门、专业机构应当通过多种途径收集突发事件信息。县级政府应当在居民委员会、村民委员会和有关单位建立专职或者兼职信息报告员制度。获悉突发事件信息的公民、法人或者其他组织，应当立即向所在地政府、有关主管部门或者指定的专业机构报告。县级以上政府及其有关部门根据突发事件应对管理工作需要，可以要求公民、法人和其他组织提供应急处置与救援需要的信息。公民、法人和其他组织应当予以提供，但法律另有规定的除外。县级以上政府及其有关部门对获取的相关信息，应当严格保密、依法运用，并依法保护公民的通信自由和通信秘密。

📖 **延伸阅读**

安全生产事故信息报告要求

根据《安全生产事故信息报告和处置办法》，生产经营单位发生生产安全事故或者较大涉险事故，其单位负责人接到事故信息报告后应当于1小时内报告事故发生地县级安全生产监督管理部门、煤矿安全监察分局。发生较大以上生产安全事故的，事故发生单位在依照第一款规定报告的同时，应当在1小时内报告省级安全生产监督管理部门、省级煤矿安全监察机构。发生重大、特别重大生产安全事故的，事故发生单位在依照上述规定报告的同时，可以立即报告国家安全生产监督管理总局、国家煤矿安全监察局。

安全生产监督管理部门、煤矿安全监察机构接到事故发生单位的事故信息报告后，应当按照下列规定上报事故情况，同时书面通知同级公安机关、劳动保障部门、工会、人民检察院和有关部门：（一）一般事故和较大涉险事故逐级上报至设区的市级安全生产监督管理部门、省级煤矿安全监察机构；（二）较大事故逐级上报至省级安全生产监督管理部门、省级煤矿安全监察机构；（三）重大事故、特别重大事故逐级上报至国家安全生产监督管理总局、国家煤矿安全监察局。按照规定的逐级上报，每一级上报时间不得超过2小时。安全生产监督管理部门依照前款规定上报事故情况时，应当同时报告本级人民政府。

发生较大生产安全事故或者社会影响重大的事故的，县级、市级安全生产监督管理部门或者煤矿安全监察分局接到事故报告后，在依照规定逐级上报的同时，应当在1小时内先用电话快报省级安全生产监督管理部门、省级煤矿安全监察机构，随后补报文字报告；乡镇安监站（办）可以根据事故情况越级直接报告省级安全生产监督管理部门、省级煤矿安全监察机构。

发生重大、特别重大生产安全事故或者社会影响恶劣的事故的，县级、市级安全生产监督管理部门或者煤矿安全监察分局接到事故报告后，在依照规定逐级上报的同时，应当在1小时内先用电话快报省级安全生产监督管理部门、省级煤矿安全监察机构，随后补报文字报告；必要时，可以直接用电话报告国家安全生产监督管理总局、国家煤矿安全监察局。省级安全生产监督管理部门、省级煤矿安全监察机构接到事故报告后，应当在1小时内先用电话快报国家安全生产监督管理总局、国家煤矿安全监察局，随后补报文字报告。国家安全生产监督管理总局、国家煤矿安全监察局接到事故报告后，应当在1小时内先用电话快报国务院总值班室，随后补报文字报告。

报告事故信息，应当包括下列内容：（一）事故发生单位的名称、地址、性质、产能等基本情况；（二）事故发生的时间、地点以及事故现场情况；（三）事故的简要经过（包括应急救援情况）；（四）事故已经造成或者可能造成的伤亡人数（包括下落不明、涉险的人数）和初步估计的直接经济损失；（五）已经采取的措施；（六）其他应当报告的情况。使用电话快报，应当包括下列内容：（一）事故发生单位的名称、地址、性质；（二）事故发生的时间、地点；（三）事故已经造成或者可能造成的伤亡人数（包括下落不明、涉险的人数）。

事故具体情况暂时不清楚的，负责事故报告的单位可以先报事故概况，随后补报事故全面情况。事故信息报告后出现新情况的，负责事故报告的单位应当依照规定及时续报。较大涉险事故、一般事故、较大事故每日至少续报1次；重大事故、特别重大事故每日至少续报2次。自事故发生之日起30日内（道路交通、火灾事故自发生之日起7日内），事故造成的伤亡人数发生变化的，应于当日续报。

安全生产监督管理部门、煤矿安全监察机构接到任何单位或者个人的事故信息举报后，应当立即与事故单位或者下一级安全生产监督管理部门、煤矿安全监察机构联系，并进行调查核实。下一级安全生产监督管理部门、煤矿安全监察机构接到上级安全生产监督管理部门、煤矿安全监察机构的事故信息举报核查通知后，应当立即组织查证核实，并在2个月内向上一级安全生产监督管理部门、煤矿安全监察机构报告核实结果。对发生较大涉险事故的，安全生产监督管理部门、煤矿安全监察机构依照规定向上一级安全生产监督管理部门、煤矿安全监察机构报告核实结果；对发生生产安全事故的，安全生产监督管理部门、煤矿安全监察机构应当在5日内对事故情况进行初步查证，并将事故初步查证的简要情况报告上一级安全生产监督管理部门、煤矿安全监察机构，详细核实结果在2个月内报告。

事故信息经初步查证后，负责查证的安全生产监督管理部门、煤矿安全监察机构应当立即报告本级人民政府和上一级安全生产监督管理部门、煤矿安全监察机构，并书面通知公安机关、劳动保障部门、工会、人民检察院和有关部门。

安全生产监督管理部门与煤矿安全监察机构之间，安全生产监督管理部门、煤矿安全监察机构与其他负有安全生产监督管理职责的部门之间，应当建立有关事故信息的通报制度，及时沟通事故信息。

对于事故信息的每周、每月、每年的统计报告，按照有关规定执行。

（二）应急处置与救援

应急处置与救援是突发事件应急预案的主要内容。突发事件发生后，履行统一领导职责或者组织处置突发事件的人民政府应当针对其性质、特点和危害程度，立即组织有关部门，调动应急救援队伍和社会力量，依照有关法律、法规、规章的规定采取应急处置措施。

突发事件分级是应急处突的基础。应急预案可以将突发事件划分为不同的级别，从而采取不同强度的应急措施，这是各国应急处突工作的共同经验。突发事件分级级别水平直接决定了预警信息的发布水平、预案的启动级别、相应级别、处置规模与手段的抉择等诸多问题。按照其性质、严重程度、可控性和影响范围等因素，各类突发公共事件，一般分为四级：Ⅰ级（特别重大）、Ⅱ级（重大）、Ⅲ级（较大）和Ⅳ级（一般）。突发事件的分级标准，由国务院或者国务院确定的部门制定。在实践上，具体分级标准有一个不断完善的过程，并根据具体突发事件类别、事发地域、民族和经济文化等情况有所差异。当然，这些分类主要针对的是自然灾害、事故灾难、公共卫生事件。由于社会安全本身所包含的事件类型特别多样、复杂，其突发事件分级标准更需要不断深化和细化。

📖 **延伸阅读**

核事故应急响应分级

核电厂的应急状态分为四级，即应急待命、厂房应急、场区应急和场外应急（总体应急）。（1）应急待命。出现可能危及核电厂安全的工况或事件的状态。宣布应急待命后，应迅速采取措施缓解后果和进行评价，加强营运单位的响应准备，并视情况加强地方政府的响应准备。（2）厂房应急。放射性物质的释放已经或者可能即将发生，但实际的或者预期的辐射后果仅限于场区局部区域的状态。宣布厂房应急后，营运单位应迅速采取行动缓解事故后果和保护现场人员。（3）场区应急。事故的辐射后果已经或者可能扩大到整个场区，但场区边界处的辐射水平没有或者预期不会达到干预水平的状态。宣布场区应急后，应迅速采取行动缓解事故后果和保护场区人员，并根据情况做好场外采取防护行动的准备。（4）场外应急。事故的辐射后果已经或者预期可能超越场区边界，场外需要采取紧急防护行动的状态。宣布场外应急后，应迅速采取行动缓解事故后果，保护场区人员和受影响的公众。

自然灾害、事故灾难、公共卫生事件的应急预案，可以预设突发事件发生后履行统一领导职责的人民政府采取下列一项或者多项应急处置措施：组织营救和救治受害人员，疏散、撤离并妥善安置受到威胁的人员以及采取其他救助措施；迅速控制危险源，标明危险区域，封锁危险场所，划定警戒区，实行交通管制、限制人员流动、封闭管理以及其他控制措施；立即抢修被损坏的交通、通信、供水、排水、供电、供气、供热、广播电视等公共设施，向受到危害的人员提供避难场所和生活必需品，实施医疗救护和卫生防疫以及其他保障措施；禁止或者限制使用有关设备、设施，关闭或者限制使用有关场所，中止人员密集的活动或者可能导致危害扩大的生产经营活动以及采取其他保护措施；启动本级人民政府设置的财政预备费和储备的应急救援物资，必要时调用其他急需物资、设备、设施、工具；组织公民、法人和其他组织参加应急救援和处置工作，要求具有特定专长的人员提供服务；保障食品、饮用水、燃料等基本生活必需品的供应；依法从严惩处囤积居奇、哄抬物价、牟取暴利、制假售假等扰乱市场秩序的行为，维护市场秩序；依法从严惩处哄抢财物、干扰破坏应急处置工作等扰乱社会秩序的行为，维护社会治安；开展生态环境应急监测，保护集中式饮用水水源地等环境敏感目标，控制和处置污染物；采取防止发生次生、衍生事件的必要措施。

社会安全事件应急预案，可以预设突发事件发生后组织处置工作的人民政府应当立即启动应急响应，组织有关部门并由公安机关针对事件的性质和特点，依照有关法律、行政法规和国家其他有关规定，采取下列一项或者多项应急处置措施：强制隔离使用器械相互对抗或者以暴力行为参与冲突的当事人，妥善解决现场纠纷和争端，控制事态发展；对特定区域内的建筑物、交通工具、设备、设施以及燃料、燃气、电力、水的供应进行控制；封锁有关场所、道路，查验现场人员的身份证件，限制有关公共场所内的活动；加强对易受冲击的核心机关和单位的警卫，在国家机关、军事机关、国家通讯社、广播电台、电视台、外国驻华使馆等单位附近设置临时警戒线；法律、行政法规和国务院规定的其他必要措施。因采取突发事件应对措施，诉讼、行政复议、仲裁、国家赔偿等活动不能正常进行的，适用有关时效中止和程序中止的规定，但法律另有规定的除外。

应急预案可以设置应急保障的内容。要做好受灾群众的基本生活保障工作，确保灾区群众有饭吃、有水喝、有衣穿、有住处、有病能得到及时医治。发生突发事件，严重影响国民经济正常运行时，国务院或者国务院授权的有关主管部门可以采取保障、控制等必要的应急措施，保障人民群众的基本生活需要，最大限度地减轻突发事件的影响。履行统一领导职责或者组织处置突发事件的人民政府，必要时可以向单位和个人征用应急救援所需设备、设施、场地、交通工具和其他物资，请求其他地方人民政府提供人力、物力、财力或者技术支援，要求生产、供应生活必需品和应急救援物资的企业组织生产、保证供给，要求提供医疗、交通等公共服务的组织提供相应的服务。履行统一领导职责或者组织处置突发事件的人民政府，应当组织协调运输经营单位，优先运送处置突发事件所需物资、设备、工具、应急救援人员和受到突发事件危害的人员。

应急预案可以对相关部门在突发事件处置中的基本职责进行配置。卫生部门负责组建医疗卫生应急专业技术队伍，根据需要及时赴现场开展医疗救治、疾病预防控制等卫生应急工作。及时为受灾地区提供药品、器械等卫生和医疗设备。必要时，组织动员红十字会等社会卫生力量参与医疗卫生救助工作。要保证紧急情况下应急交通工具的优先安排、优先调度、优先放行，确保运输安全畅通；要依法建立紧急情况社会交通运输工具的征用程序，确保抢险救灾物资和人员能够及时、安全送达。根据应急处置需要，对现场及相关通道实行交通管制，开设应急救援"绿色通道"，保证应急救援工作的顺利开展。要加强对重点地区、重点场所、重点人群、重要物资和设备的安全保护，依法严厉打击违法犯罪活动。必要时，依法采取有效管制措施，控制事态，维护社会秩序。要指定或建立与人口密度、城市规模相适应的应急避险场所，完善紧急疏散管理办法和程序，明确各级责任人，确保在紧急情况下公众安全、有序地转移或疏散。要采取必要的防护措施，严格按照程序开展应急救援工作，确保人员安全。建立健全应急通信、应急广播电视保障工作体系，完善公用通信网，建立有线和无线相结合、基础电信网络与机动通信系统相配套的应急通信系统，确保通信畅通。有关部门要按照职责分工，分别负责煤、电、油、气、水的供给，以及废水、废气、固体废弃物等有害物质的监测和处理。履行统一领导职责或组织处置突发事件的人民政府及其有关部门，应当为受突发事件影响无人照料的无民事行为能力人和限制民事行为能力人提供及时有效帮助；建立健全联系帮扶应急救援人员家庭制度，帮助解决实际困难。

突发事件的威胁和危害得到控制或消除后，履行统一领导职责或者组织处置突发事件的人民政府应当停止执行依照突发事件应对法规定采取的应急处置措施，同时采取或者继续实施必要措施，防止发生自然灾害、事故灾难、公共卫生事件的次生、衍生事件或者重新引发社会安全事件，组织受影响地区尽快恢复社会秩序。特别重大突发公共事件应急处置工作结束，或者相关危险因素消除后，现场应急指挥机构予以撤销。

应急预案可以设置法人单位的应急救援责任。受到自然灾害或者发生事故灾难、公共卫生事件的单位，应当立即组织本单位应急救援队伍和工作人员营救受害人员，疏散、撤离、安置受到威胁的人员，控制危险源，标明危险区域，封锁危险场所，并采取其他防止危害扩大的必要措施，同时向所在地县级人民政府报告；对因本单位的问题引发的或者主体是本单位人员的社会安全事件，有关单位应当按照规定上报情况，并迅速派出负责人赶赴现场开展劝解、疏导工作。突发事件发生地的其他单位应当服从人民政府发布的决定、命令，配合人民政府采取的应急处置措施，做好本单位的应急救援工作，并积极组织人员参加所在地的应急救援和处置工作。

以案说理　　湖北十堰"6·13"重大燃气爆炸事故

2021年6月13日6时42分许，位于湖北省十堰市张湾区艳湖社区的集贸市场发生重大燃气爆炸的重大生产安全责任事故，造成26人死亡，138人受伤，其中重伤37人，直接经济损失约5295.41万元。事故调查发现，应急处置严重错误，应急反应迟缓。

应急处置之所以出现严重错误，应急预案流于形式、形同虚设是重要原因。企业主要负责人没有赶往事故现场指挥应急处置；根据公安机关执法记录仪、询问笔录和现场视频查明，公司巡线维护抢修员不按预案要求实施应急处置，未直接携带燃气检漏仪进入现场检测气体；不熟悉所要关闭的阀门位置所在，只关闭了事故管道上游端的燃气阀门，未及时关闭事故管道下游端的燃气阀门以便保持管道内正压和防止回火爆炸；未按企业预案要求提示公安、消防救援和社区等现场应急处置人员采取设立警戒、禁绝火源、疏散人员、有效防护等应急措施；在燃爆危险未消除的情况下，向公安、消防救援人员提出结束处置、撤离现场的错误建议，"阀门已经关闭了，没啥事了，你们可以回去了"，严重误导现场应急处置工作，以致事故未能避免发生。

（三）应急指挥机制

应急组织指挥体系是应急预案的核心要素，是提升应急预案有效性的关键。预先就突发事件现场决策指挥机制作出方案，可以尽力减少处置初期慌乱忙乱、群龙无首的状态。

经过多年实践，我国在构建应急指挥机制方面日益规范。按照常态应急与非常态应急相结合，国家建立应急指挥总部指挥机制，省、市、县建设本级应急指挥部，形成上下联动的应急指挥部体系。按照综合协调、分类管理、分级负责、属地为主的原则，健全中央与地方分级响应机制，明确各级各类灾害事故响应程序，进一步理顺防汛抗旱、抗震救灾、森林草原防灭火等指挥机制。将消防救援队伍和森林消防队伍整合为一支正规化、专业化、职业化的国家综合性消防救援队伍，实行严肃的纪律、严密的组织，按照准现役、准军事化标准建设管理，完善统一领导、分级指挥的领导体制，组建统一的领导指挥机关，建立中央地方分级指挥和队伍专业指挥相结合的指挥机制，加快建设现代化指挥体系，建立与经济社会发展相适应的队伍编制员额同步优化机制。完善应急管理部门管理体制，全面实行准军事化管理。

国务院是突发公共事件应急管理工作的最高行政领导机构。在国务院总理领导下，由国务院常务会议和国家相关突发公共事件应急指挥机构（以下简称相关应急指挥机构）负责突发公共事件的应急管理工作；必要时，派出国务院工作组指导有关工作。以往，国务院办公厅设国务院应急管理办公室，履行值守应急、信息汇总和综合协调职责，发挥运转枢纽作用。当前，国务院办公厅仍然保留应急信息报送值守职能，应急管理部承担自然灾害、安全生产领域的应急指挥职能。其他领域或类别的突发事件应急指挥职能则由国务院有关部门依据有关法律、行政法规和各自的职责分别牵头负责。比如国家卫生健康委员会发挥公共卫生领域的应急指挥作用；地方各级人民政府是本行政区域突发公共事件应急管理工作的行政领导机构，负责本行政区域各类突发公共事件的应对工作；国务院和各应急管理机构建立各类专业人才库，可以根据实际需要聘请有关专家组成专家组，为应急管理提供决策建议，必要时参加突发公共事件的应急处置工作。

然而，常态的应急管理领导指挥体制往往不能适应突发事件的特定需求。因此，应急预案可以对应急指挥架构作出预设。必要时，设立现场指挥部，负责现场应急处置和救援，统一指挥进入突发事件现场的单位和个人。履行统一领导职责或者组织处置突发事件的人民政府，应当建立协调机制，提供需求信息，引导志愿服务组织和志愿者及时有序参与应急处置和救援工作。

应急预案可以对应急协同机制作出设定。充分发挥相关议事协调机构的统筹作用，发挥好应急管理部门的综合优势和各相关部门的专业优势，明确各部门在事故预防、灾害防治、信息发布、抢险救援、环境监测、物资保障、恢复重建、维护稳定等方面的工作职责。健全重大安全风险防范化解协同机制和灾害事故应对处置现场指挥协调机制。统一应急管理工作流程和业务标准，加强重大风险联防联控，联合开展跨区域、跨流域风险隐患普查，编制联合应急预案，建立健全联合指挥、灾情通报、资源共享、跨域救援等机制。

三、预案管理

各级政府应当针对本行政区域多发易发突发事件、主要风险等，制定本级政府及其部门应急预案编制规划，并根据实际情况变化适时修订完善。单位和基层组织可根据应对突发事件需要，制定本单位、本基层组织应急预案编制计划。应急预案编制部门和单位应组成预案编制工作小组，吸收预案涉及主要部门和单位业务相关人员、有关专家及有现场处置经验的人员参加。编制工作小组组长由应急预案编制部门或单位有关负责人担任。政府及其部门应急预案编制过程中应当广泛听取有关部门、单位和专家的意见，与相关的预案做好衔接。涉及其他单位职责的，应当书面征求相关单位意见。必要时，向社会公开征求意见。单位和基层组织应急预案编制过程中，应根据法律、行政法规要求或实际需要，征求相关公民、法人或其他组织的意见。

编制应急预案应当在开展风险评估和应急资源调查的基础上进行。风险评估要针对突发事件特点，识别事件的危害因素，分析事件可能产生的直接后果以及次生、衍生后果，评估各种后果的危害程度，提出控制风险、治理隐患的措施。应急资源调查要全面调查本地区、本单位第一时间可调用的应急队伍、装备、物资、场所等应急资源状况和合作区域内可请求援助的应急资源状况，必要时对本地居民应急资源情况进行调查，为制定应急响应措施提供依据。

要完善预案管理机制。修订突发事件应急预案管理办法，完善突发事件分类与分级标准，规范预警等级和应急响应分级。加强应急预案的统一规划、衔接协调和分级分类管理，完善应急预案定期评估和动态修订机制；强化预案的刚性约束，根据突发事件类别和级别明确各方职责任务，强化上下级、同级别、军队与地方、政府与企业、相邻地区等相关预案之间的有效衔接；建设应急预案数字化管理平台，加强预案配套支撑性文件的编制和管理。

要加快预案修订。制定突发事件应急预案编制指南，加强预案制修订过程中的风险评估、情景构建和应急资源调查。修订《国家突发事件总体应急预案》，组织指导专项、部门、地方应急预案修订，做好重要目标、重大危险源、重大活动、重大基础设施安全保障应急预案编制工作。有针对性地编制巨灾应对预案，开展应急能力评估。

应急预案编制单位应当建立定期评估制度，分析评价预案内容的针对性、实用性和可操作性，实现应急预案的动态优化和科学规范管理。有下列情形之一的，应当及时修订应急预案：（1）有关法律、行政法规、规章、标准、上位预案中的有关规定发生变化的；（2）应急指挥机构及其职责发生重大调整的；（3）面临的风险发生重大变化的；（4）重要应急资源发生重大变化的；（5）预案中的其他重要信息发生变化的；（6）在突发事件实际应对和应急演练中发现问题需要作出重大调整的；（7）应急预案制定单位认为应当修订的其他情况。应急预案修订涉及组织指挥体系与职责、应急处置程序、主要处置措施、突发事件分级标准等重要内容的，修订工作应参照《突发事件应急预案管理办法》规定的预案编制、审批、备案、公布程序组织进行。仅涉及其他内容的，修订程序可根据情况适当简化。各级政府及其部门、企事业单位、社会团体、公民等，可以向有关预案编制单位提出修订建议。

县级以上政府应急管理部门指导突发事件应急预案体系建设，综合协调应急预案衔接工作，增强有关应急预案的衔接性和实效性。应急预案制定机关应当根据实际需要和情势变化，适时修订应急预案。应急预案的制定、修订、备案等程序由国务院规定。

对于先期处置未能有效控制事态的特别重大突发公共事件，要及时启动相关预案，由相关应急指挥机构或国务院工作组统一指挥或指导有关地区、部门开展处置工作。现场应急指挥机构负责现场的应急处置工作。需要多个国务院相关部门共同参与处置的突发公共事件，由该类突发公共事件的业务主管部门牵头，其他部门予以协助。

四、预案体系

我国应急预案体系包括各级政府及其部门、基层组织、企事业单位、社会团体等制定的综合应急预案、专项应急预案、部门应急预案，以及相关预案管理制度。应急预案体系是我国应急管理体系的组成部分，也是应急管理工作的一条线索、我国应急体系建设的重要抓手。国家不断建立健全突发事件应急预案体系，当前全国"纵向到底、横向到边"的应急预案体系基本形成。国务院制定国家总体应急预案，组织制定国家突发事件专项预案；国务院有关部门根据各自的职责和国务院相关应急预案，制定国家突发事件部门应急预案。地方各级人民政府和县级以上地方各级人民政府有关部门根据有关法律、法规、规章、上级人民政府及其有关部门的实际情况，制定相应的突发事件应急预案，并按国务院有关规定备案。截至2019年底，我国已编制应急预案780余万件，其中2019年新修订编制200余万件。

总体应急预案是应急预案体系的总纲，是应对突发事件的总体制度安排。政府总体应急预案由县级以上各级人民政府制定。总体应急预案主要规定突发事件应对的基本原则、组织体系、运行机制，以及应急保障的总体安排等，明确相关各方的职责和任务。《国家突发公共事件总体应急预案》具体情况介绍详见第一章。

专项应急预案主要是为应对某一类型或某几种类型突发公共事件，或者针对重要目标物保护、重大活动保障、应急资源保障等重要专项工作而预先制定的涉及多个部门职责的工作方案。政府专项应急预案由政府有关部门牵头制定，报本级人民政府批准后印发实施。部分国家专项应急预案包括：《国家自然灾害救助应急预案》《国家防汛抗旱应急预案》、《国家地震应急预案》《国家突发地质灾害应急预案》《国家森林草原火灾应急预案》（原《国家森林火灾应急预案》《全国草原火灾应急预案》废止）、《国家安全生产事故灾难应急预案》《国家处置铁路行车事故应急预案》《国家处置民用航空器飞行事故应急预案》《国家海上搜救应急预案》、《国家城市轨道交通运营突发事件应急预案》（原《国家处置城市地铁事故灾难应急预案》废止）、《国家处置电网大面积停电事件应急预案》《国家核应急预案》、《国家突发环境事件应急预案》《国家通信保障应急预案》、《国家突发公共事件医疗卫生救援应急预案》《国家突发公共卫生事件应急预案》《国家突发公共事件医疗卫生救援应急预案》《国家突发重大动物疫情应急预案》《国家食品安全事故应急预案》（原《国家重大食品安全事故应急预案》废止》）、《国家粮食应急预案》《国家金融突发事件应急预案》（只公布基本框架，未公布详细内容）、《国家涉外突发事件应急预案》（只公布基本框架，未公布详细内容）等，以及若干未公开的国家专项预案。

部门应急预案是有关部门根据总体应急预案、专项应急预案和部门职责为应对本部门（行业、领域）突发公共事件，或者针对重要目标物保护、重大活动保障等涉及部门工作而预先制定的工作方案。政府部门应急预案由各级政府部门制定。部分国务院部门应急预案包括：《建设系统破坏性地震应急预案》《铁路防洪应急预案》《铁路破坏性地震应急预案》《铁路地质灾害应急预案》《农业重大自然灾害突发事件应急预案》《农业重大有害生物及外来生物入侵突发事件应急预案》《农业转基因生物安全突发事件应急预案》《重大沙尘暴灾害应急预案》《重大外来林业有害生物灾害应急预案》《重大气象灾害预警应急预案》《风暴潮、海啸、海冰灾害应急预案》《赤潮灾害应急预案》《三峡葛洲坝梯级枢纽破坏性地震应急预案》《中国红十字总会自然灾害等突发公共事件应急预案》《国防科技工业重特大生产安全事故应急预案》《建设工程重大质量安全事故应急预案》《城市供气系统重大事故应急预案》《城市供水系统重大事故应急预案》《城市桥梁重大事故应急预案》《铁路交通伤亡事故应急预案》《铁路火灾事故应急预案》《铁路危险化学品运输事故应急预案》《铁路网络与信息安全事故应急预案》《水路交通突发公共事件应急预案》《公路交通突发公共事件应急预案》《公共互联网网络安全突发事件应急预案》《渔业船舶水上安全突发事件应急预案》《农业环境污染突发事件应急预案》《特种设备特大事故应急预案》《重大林业生态破坏事故应急预案》《矿山事故灾难应急预案》《危险化学品事故灾难应急预案》《陆上石油天然气开采事故灾难应急预案》《陆上石油天然气储运事故灾难应急预案》《海洋石油天然气作业事故灾难应急预案》《海洋石油勘探开发溢油事故应急预案》《国家医药储备应急预案》《铁路突发公共卫生事件应急预案》《水生动物疫病应急预案》《进出境重大动物疫情应急处置预案》《突发公共卫生事件民用航空器应急控制预案》《药品和医疗器械突发性群体不良事件应急预案》《国家发展改革委综合应急预案》《煤电油运综合协调应急预案》《国家物资储备应急预案》《教育系统突发公共事件应急预案》

《司法行政系统突发事件应急预案》《生活必需品市场供应突发事件应急预案》《公共文化场所和文化活动突发事件应急预案》《海关系统突发公共事件应急预案》《工商行政管理系统市场监管应急预案》《大型体育赛事及群众体育活动突发公共事件应急预案》《旅游突发公共事件应急预案》《新华社突发公共事件新闻报道应急预案》《外汇管理突发事件应急预案》《人感染高致病性禽流感应急预案》等，以及若干未公开的部门应急预案。

地方应急预案包括省级人民政府的突发公共事件总体应急预案、专项应急预案和部门应急预案，各市（地）、县（市）人民政府及其基层政权组织的突发公共事件应急预案。上述预案在省级人民政府的领导下，按照分类管理、分级负责的原则，由地方人民政府及其有关部门分别制定。企事业单位根据有关法律法规制定应急预案。举办大型会展和文化体育等重大活动，主办单位应当制定应急预案。各类预案将根据实际情况变化不断补充、完善。

单位和基层组织应急预案由机关、企业、事业单位、社会团体和居委会、村委会等法人和基层组织制定，侧重明确应急响应责任人、风险隐患监测、信息报告、预警响应、应急处置、人员疏散撤离组织和路线、可调用或可请求援助的应急资源情况及如何实施等，体现自救互救、信息报告和先期处置特点。大型企业集团可根据相关标准规范和实际工作需要，参照国际惯例，建立本集团应急预案体系。

联合应急预案是由相邻、相近的地方人民政府及其有关部门联合制定应对区域性、流域性突发事件的一种特殊应急预案。联合应急预案侧重明确相邻、相近地方人民政府及其部门间信息通报、处置措施衔接、应急资源共享等应急联动机制。

不同层级的预案内容各有所侧重。国家层面专项和部门应急预案侧重明确突发事件的应对原则、组织指挥机制、预警分级和事件分级标准、信息报告要求、分级响应及响应行动、应急保障措施等，重点规范国家层面应对行动，同时体现政策性和指导性；省级专项和部门应急预案侧重明确突发事件的组织指挥机制、信息报告要求、分级响应及响应行动、队伍物资保障及调动程序、市县级政府职责等，重点规范省级层面应对行动，同时体现指导性；市县级专项和部门应急预案侧重明确突发事件的组织指挥机制、风险评估、监测预警、信息报告、应急处置措施、队伍物资保障及调动程序等内容，重点规范市（地）级和县级层面应对行动，体现应急处置的主体职能；乡镇街道专项和部门应急预案侧重明确突发事件的预警信息传播、组织先期处置和自救互救、信息收集报告、人员临时安置等内容，重点规范乡镇层面应对行动，体现先期处置特点。

针对不同对象的应急预案，侧重点有所不同。针对重要基础设施、生命线工程等重要目标物保护的专项和部门应急预案，侧重明确风险隐患及防范措施、监测预警、信息报告、应急处置和紧急恢复等内容。针对重大活动保障制定的专项和部门应急预案，侧重明确活动安全风险隐患及防范措施、监测预警、信息报告、应急处置、人员疏散撤离组织和路线等内容。针对为突发事件应对工作提供队伍、物资、装备、资金等资源保障的专项和部门应急预案，侧重明确组织指挥机制、资源布局、不同种类和级别突发事件发生后的资源调用程序等内容。

应急预案管理制度是应急预案规划、编制、审批、发布、备案、演练、修订、培训、宣传教育等的政策依据。相关制度包括《突发事件应急预案管理办法》《国务院有关部门和单位制定和修订突发公共事件应急预案框架指南》《省（区、市）人民政府突发公共事件总体应急预案框架指南》《生产安全事故应急预案管理办法》等。

第五章

预演能力：响应能应变

在突发事件处置中发挥主导作用的，还是应急决策。突发事件发生后，在紧急状态尤其两难困境状态下采取何种应对措施，主要决定于突发事件的实际演变过程和领导者决断，而非应急预案提供的有限"参考答案"。应急预案主要在介入突发事件初期发挥"可能"作用，甚至能否真正发挥有效作用、在多大程度上发挥作用，并没有可靠的量化数据支持。俗话说，人在事上练，刀在石上磨。在预先构建的动态情景中进行以应急决策和媒体应对为主的模拟演练，是领导干部提高应急决策水平的有效途径。预演能力是有效应急处突的第四道闸门。

一、应急决策

应急决策也称危机决策，是在所构建的应急情景中开展应急演练的主要内容。应急决策区别于常规决策，我们需要提高对其规律的认识。应急决策面临的情势充满不确定性。在危机情势下，领导者的决策无论对错，都影响巨大。这种应急决策往往是困境中的艰难抉择，无论如何抉择都要承受巨大压力或损失。应急决策必须是一种及时行动。贻误战机、犹豫不决、没有及时应对，往往会留下巨大的隐患和责任。一般来说，应急决策至少受到以下关键因素的制约。

第一，决策者处于高压状态。应急决策是在高度压力下作出的决策。对于大部分人来说，压力和绩效之间关系呈现倒 U 形趋势。缺乏压力往往和低动力、低效率联系在一起，中等压力则由于警惕性和动力的增强带来高绩效，但如果离开这一曲线的最佳区域，过度压力则带来绩效下降。时间情势紧迫、难以进行价值取舍、担心决策失误被问责、内部意见分歧、外部冲突等，都会成为压力来源。对于决策者来说，不同类型和程度的压力会产生相当不同的心理后果，表现出的能力也会不同。实践经验和相关研究表明，重压之下的决策者有以下行为取向：聚焦于突发事件的短期影响，忽略突发事件更加深远的长期影响；倾向于采用传统且低效的处理方式，不敢轻易尝试或自动屏蔽新的更加高效的处理方式；过于关注可视范围内的问题，缺乏考虑问题的广度，容易忽视突发事件的演变及其次生灾害；在缺乏信息支撑和专业咨询的情况下，更可能依靠想象"拍脑袋"决策；重压之下更容易对人对事发怒。

第二，权限的关键性。应急情势下的成功决策，必须保证正确的人（机构）在正确的时机采取正确的行动。只有得到充分授权或本身职位足够高，才能让领导干部在处置突发事件时能有足够的行动权力，甚至有按照直觉行事的权力。当他们认为事态正在变得更加严峻时，能够承担责任，把事态提升到较高等级。没有应急的情况下，权力集中的行政方式运行良好；但在应急情势下，权力集中往往成为处置突发事件的最大桎梏：效率低下，贻误战机，无人负责，软弱无能。有权的人不一定是最有能力处置突发事件的人。权力集中化可能会助长而不是减缓危机。在高度集权的决策链条中，会增加决策失误风险，并放大、积累决策失误的系列影响。应急管理经验一再表明，在不断变化和技术性复杂的危机事件中，依靠和支持当地的政府机构、专家机构和技术人员而不是高位介入的领导亲自去处理境况会更好，这也是我国应急管理机制中强调分级处置、属地管理的依据。

第三，知识背景的局限性。面对危机，首先要对发生的事实进行认定，对面临的形势进行判断，对事件的起因、性质进行溯源。然而，这个过程往往受片面信息或经验误导，受专业知识背景约束，人们获取和处理信息能力存在根本局限。

第四，资源条件的局限性。突发事件爆发时产生的需求和问题是如此的巨大，以至于必须优先考虑可用的短缺资源。这一点与日常的工作内容很像，只是在突发事件情况下，公共资源的供求关系差距非常大，形势模糊而易变，并且思考、商量和决策获得认同的时间也非常有限。

第五，经验的局限性。一些人因为职业经历，总能在压力下镇静自若，保持头脑清醒。比如野战部队的基层军官，公安、消防一线干部，新闻记者等。然而，大多数领导者面对的是日常工作，习惯的是日常决策模式，除非任职期间经历过危机处置，一般都属于危机决策的业余人士。

第六，所在部门的局限性。一个部门具有足够弹性，能够有效应对突发事件，往往需要足够多的突发事件处置职责作支撑。对于少数部门来说，危机往往超越常规，成为部门最需要关注的事情，甚至处理突发事件就是部门的首要职责。这些机构在日常中不断开展如何处置突发事件的训练，使得应急决策成为条件反射或惯性。然而，大多数部门不属于这种类型的部门。

应急决策场景贯穿应急处突的全过程，应该成为应急演练的主要内容。突发事件把最严峻的问题留给领导者来考虑，迫使政府及其领导者面对他们在日常管理中没有遇到过的问题。应急决策是一项包含了棘手的价值权衡和政治风险的艰难工作。两难选择是应急决策在实践中遇到的最常见的场景，应该也是应急演练中要面对的首要环节。

以案说理 　古巴导弹危机中美苏的艰难选择

1962年发生的古巴导弹危机事件，是冷战期间美国、苏联两国之间最激烈的一次对抗。之前美国在意大利和土耳其部署了中程弹道导弹雷神导弹和朱比特导弹，苏联为了扳回一城，在古巴部署导弹。美国发现后，局势紧张到几乎"难以忍受的程度"，核战争的阴影笼罩着整个加勒比海上空，整个世界危在旦夕。美国的庞大舰队出动了，像个铁桶似的团团封锁了整个古巴海域。巨大的美军导弹跟踪站，密切监视去往古巴船只的一举一动。与此同时，美国导弹部队全部奉命处于"高度戒备"状态，导弹在发射台上听候指令。不仅在佛罗里达和邻近各州，美国集结了第二次世界大战后最庞大的登陆部队准备参战，而且世界各地的美军基地也进入戒备状态，剑拔弩张地准备打一场全球性的核战争。苏联政府发表声明，表示仍要按苏古协议继续使用武器"援助"古巴，"坚决拒绝"美国的拦截，对美国的威胁"将进行最激烈的回击"。苏联以不携带武器的船只去考验封锁，战争一触即发。这场危机虽然仅仅持续了13天，其间美苏双方在核按钮旁徘徊，使人类空前地接近毁灭的边缘，世界处于千钧一发之际。最后，以苏联与美国的相互妥协而告终，其中有不少值得总结的经验和反思的教训。迄今为止，古巴导弹危机仍然被认为是人类存亡的最危险时刻，它险些酿成热核战争。

二、情景构建

《突发事件应急预案管理办法》要求，应急预案编制单位应当建立应急演练制度，根据实际情况采取实战演练、桌面推演等方式，组织开展人员广泛参与、处置联动性强、形式多样、节约高效的应急演练。专项应急预案、部门应急预案至少每3年进行一次应急演练。

领导干部应急演练和预案演练、救援队伍演练、基层演练等的目的不同，从而决定了其演练的内容不同。应急处突反应不仅仅是由关键领导者的决策决定的，而且，在相当大的程度上，也受危机决策制定和执行的制度环境的影响。

领导干部开展应急演练首先要避免的误区，就是把应急预案作为演练的主要脚本。领导干部在演练中亟须提高的是在突发事件不确定发展过程中的应变能力。如果演练脚本是事先准备好的应急预案，那么这种演练就成了"演戏"，波澜不惊，没有了"红红脸、出出汗"的紧张体验，对应急决策能力提升缺乏实际帮助。实践中，应急预案演练往往成为热热闹闹走过场的形式主义，投入大、收效小。其次，应急预案主要发挥紧急情况下的决策参考方案作用，本身通常不需要演练。如上一章所述，应急预案真正可能发挥作用的阶段是在突发事件初期，应急预案真正可能发挥作用的内容是通用性、基础性应对措施，应急预案真正可能发挥作用的方式是决策者拿起来就能看完、看懂、会用。如果领导干部需要通过投入巨大的预案演练去熟悉预案内容，就违背了应急预案的本意。

领导干部模拟演练脚本需要进行专门的情景构建。情景构建不是典型案例的片段或整体的再现，而是无数同类事件和预期风险的系统整合，是基于真实背景对某一类突发事件的普遍规律进行全过程、全方位、全景式的系统描述，是对某一类重大风险的系统化和形象化的呈现。[1]情景构建不仅为风险分析和应急准备作支撑，也可以为应急演练的规划和设计提供标准化工具，为桌面演练提供科学可信的任务清单和背景素材。通过情景构建，使参演者浸入情景开展决策、处置和沟通等行为，实现应急能力的提升。

在国内外应急管理实践中，往往基于底线思维以最坏可信情景作为情景构建的目标，即在我们认知框架内发挥想象力去探索未来可能面临的最坏局面，用科学的方法和标准的范式去描述该最坏局面，使虚拟的假想敌具象化、清晰化，只有这样才能从心理和能力层面做好应急决策的准备。情景构建过程中会分析从当前到最坏可信场景的若干路径，为模拟演练提供应急脚本。

三、应急演练

现实中，突发事件发生的概率、参与处置突发事件的机会、参与处置时的角色等都很难把控，因此对于绝大多数领导干部来说，并不能依赖在应急处突实战中来获得应急决策能力。那么，应急决策能力从哪里来？应急模拟演练是提升应急决策能力的重要途径。打个比方，应急演练就像练兵。在非战争环境下，指挥者主要通过尽力模拟战争环境来获取经验、锻炼、提升各种条件下的各项指挥能力，这样才能在面对真实战场环境时不慌乱，能决策，少失误。

演练按照组织形式可分为桌面演练和实战演练。桌面演练又分为动态桌面演练和静态桌面演练。对于领导干部来说，以应急指挥、应急决策为主要内容的动态桌面演练是更高效、更适合的应急能力提升形式。动

---

[1] 王永明：《重大突发事件情景构建：理论与实践》，国家行政学院出版社2019年版，第6页。

态桌面演练是针对某个突发事件及其处置的不断变化的信息展开的应急处突模拟演练。与静态桌面演练相比，动态桌面演练最大的不同在于，演练信息是动态更新、不断变化的。这种变化既取决于事先的情景设计，也受参演者决策行为的影响。因此，参演者要根据形势的变动不断进行研究、判断和决策。除了要强化应急指挥部成员之间以及与外界的沟通协调能力外，动态桌面演练特别关注提升参演者的决策能力和效力。通过对应急领导过程的反复练习，使参演者明确自身的决策边界，明确决策重点，特别是把对未来形势预判和未来应对措施作为主要决策内容，而不是仅仅应付现有的灾情处置。相对于静态桌面演练，动态桌面演练的优势是仿真性高，可以达到接近实战演练的有效决策效果。同时，动态桌面演练也存在准备时间长、演练控制要求高、演练时间相对较长等问题。[①]

协调指挥同样是应急决策中的常见场景，也应该成为应急演练不可或缺的重要内容。危机管理运作中的协作需要是不言而喻的。毕竟，每个决定必须由一系列的组织执行；只有当政府之间相互合作时，有效的执行才有可能得以实现。协调指挥包括上下级政府之间的协调指挥，各区域政府间的协调指挥，以及部门间协调指挥。危机管理要求灵活性、创造性、简练性，以及打破规则。然而，大多数政府组织是为从事符合公平、合法和效率要求的日常工作而设计的。让习惯常规工作的科层组织去适应危机环境在本质上是一项非常艰难的任务，甚至有人认为这是不可能的。当过去不习惯于协调工作的干部、部门和各级政府迫于形势不得不彼此依赖时，摩擦将会增加。协调行动在本质上是一种政治活动。

涉及跨政府协作时，规则要求和实际效果往往形成较大差距。要求上，地方政府对本行政区域内突发事件的应对管理工作负责；涉及两个

---

① 李雪峰等：《应急管理演练式培训》，国家行政学院出版社2013年版，第24页。

以上行政区域的，由有关行政区域共同的上一级政府负责，或者由各有关行政区域的上一级政府共同负责；共同负责的人民政府应当按照国家有关规定，建立信息共享和协调配合机制。实际上，当出现利益和责任冲突时，跨政府间的协调并不容易。由谁来负责这一问题往往会引起情绪的激动。在灾害研究中，有一个得到很好证实的现象：行使不同危机处理技术的部门发现很难在行动上保持一致。而且，一个危机不可能使临近政府间突然忘记近期内日常关系的敏感性和冲突。

有效的应急处突反应要求在执行应急决策过程中涉及的许多团体或机构之间进行相互协作。这些组织都承受着快速而有效地适应危机的压力。然而，部门间的冲突和竞争似乎是常例，而不是例外，这在许多领域都会发生。这些部门往往最大限度地致力于维护自身利益，而罔顾在危机网络中与其他部门的精心合作。在危机网络中，一些领导干部和机构可能会采取故作姿态的方式，甚至明显地不愿意同其他部门协同；平日间就存在的部门间紧张关系，可能在危机中进一步加剧；各自机构都极力回避责任，或者抢占功劳。相对于平日，危机中部门间相互协调的意愿可能会比平日还低，往往不是简单、一致地从大局出发，不计部门得失、个人得失，部门协调更加困难。当这种部门紧张关系弥漫整个危机过程中时，任何决策当局想把自己的影响强加给相互争执的部门，通常是困难的，尤其掌握关键信息的部门往往拒绝信息共享。因此，在防止危机应对中涉及的机构和人员之间的错误沟通和不必要的重复与冲突方面，有效的协作是非常关键的。

以案说理 **"9·11"事件中警察部门和消防部门的不协调**

2001年9月11日，美国纽约世贸中心遭到袭击后倒塌。在专门成立的"9·11"调查委员会举行的听证会上，有关人员列举了警方和消防队这两个部门间缺乏合作甚至相互对立的大量事例。目击者和应急部门工作人员作证说，纽约警察局和消防部门长期对立，两个机构之间没有建立恰当的合作机制。在事件发生的当天上午，由于通信故障等原因，警察和消防部门的负责人之间竟连一个电话也没打通。一名警方直升机飞行员曾报告说，他认为双子塔楼中的北楼可能会倒塌，但当时没有办法把该信息告诉北楼消防人员，18分钟之后北楼就倒塌了。警官们在救援过程中完全是跟着感觉走或凭经验办事，而不是遵循协调一致的程序。而消防部门的指挥官们站在世贸大楼一层大厅内凭空作决定，他们手中既没有可靠的情报和新闻跟踪，也没有空中摄像系统或直升机发回的有关世贸大楼火势状况的现场报告作依据。在"9·11"事件的整个救援过程中，共有343名消防队员、37名纽约港务警察和23名警官献出生命。调查报告强烈暗示，警员的缺乏训练和通信不畅以及消防、警察两部门之间多年来的成见和矛盾可能造成了数百名消防队员、警官的死亡。

当然，突发事件中形成的规则或默契会迅速制度化，成为下一步甚至下次危机的路径依赖。但这种制度化除了优点，也会导致思路僵化。因为每次突发事件都会不同。一条路径越有效，应急管理结构将变得越稳固。这可能会堵死其他参与者加入应急决策领域中的途径，而反过来损害长期协作。

四、媒体应对

除了突发事件的处置救援，应急处置中的以媒体应对为主要内容的舆论引导同样至关重要。危机中只做正确的事是不够的，还要说正确的话，并以正确的方式说出来。如果说前者是"硬"处置，后者则可以看作

"软"处置，二者不可或缺。一场危机使公众产生强烈的要求，他们想知道到底发生了什么，并且想弄明白怎样才能保护自己的切身利益。政府及其部门往往不能立即提供正确的信息。当突发事件发生后，他们正努力收集海量的事件信息，把这些情况梳理清楚本身就是一个巨大的挑战，而把这些信息以准确、清晰并且可行的形式告诉大众需要更大的沟通努力。作为沟通对象的公众是那些生活受到重大影响的人们，他们处于高度紧张和焦虑的状态。而且，在特定情景下，他们不一定认为政府是和自己站在一起的。如果先前就存在对政府的不信任，那么在危机情形下这种不信任并不会消失，甚至可能进一步加深。

国家建立健全突发事件信息发布制度，有关人民政府及其有关部门应当及时向社会公布突发事件相关信息及有关突发事件应对管理的决定、命令、措施等信息。突发公共事件的信息发布应当及时、准确、客观、全面。事件发生的第一时间要向社会发布简要信息，随后发布初步核实情况、政府应对措施和公众防范措施等，并根据事件处置情况做好后续发布工作。信息发布形式主要包括授权发布、散发新闻稿、组织报道、接受记者采访、举行新闻发布会等。有关人民政府及其有关部门发现影响或者可能影响社会稳定、扰乱社会和经济管理秩序的虚假或者不完整信息的，应当发布准确的信息予以澄清。

对于领导干部来说，舆情管理是应急处突中的重要能力。根据国务院办公厅2016年11月发布的《〈关于全面推进政务公开工作的意见〉实施细则》，有关地方和部门主要负责人要带头主动发声。在危机中，公众希望领导者能降低不确定性，并且对究竟发生了什么、为什么会发生以及应该如何应对等问题提供权威解释。当领导者弄清楚事件的原因，对形势进行了评估，并且作出战略决策时，领导者必须让其他人接受他们对形势的定位。他们必须把"到底发生了什么""到底意味着什么"归因于正在显露的危机，从而使他们管理危机的能力得以提高。应急处突中的信息沟通与舆论引导的本质在于意义构建，即发生了什么。如果领导者没有这样做，或者说这样做没有成功，他们的决定就不会得到公众的理解和尊重。如果其他人成功地控制了意义构建的过程，领导者的决策和调配能力就会受到严重的限制。为此，要求领导者提出一个令人信服的、能够描述危机究竟是怎么回事的详情报道：其风险是什么，产生的原因是什么，我们能够做什么。

政府和领导者并不是唯一试图界定危机的人。如果不把危机发生的原因、后果以及解决危机的办法等信息真实地传达给公众，许多拥有不同观点的参与者就会大声地鼓噪以制造新闻，各种非官方的舆论来源会发狂般地运用大量不同的信息，从不同的角度试图查明事实和进行解释。在这些不和谐的声音和观点中，对公共领域中传播的有关危机的猜想，领导者要力图取得并且保持某种程度的控制。他们的信息与其他参与者的信息或者保持一致，或者相互竞争，后者有的坚持自己的立场和利益，有的很可能提出对形势的不同解释，并且提倡不同的行动方案。在网络社会和自媒体时代，对这些非官方的舆论来源进行审查并不容易。

以案说理　　切尔诺贝利事件中的媒体应对

1986年4月，切尔诺贝利核电站爆炸事故发生后，苏联政府试图把这次事件在国内的政治后果最小化。政府发言人极力轻描淡写该事件影响的广度、深度以及对公众健康构成的威胁。与此同时，美国政府按照冷战需要看待这次灾难，认为这是一个污化苏联政府的重大机会。美国政府利用这次危机来强调苏联技术落后，政府无情、狡诈。在切尔诺贝利事件中，美国政府利用苏联政府信息不透明的特点，建立了一个总统委员会调查此事，指示科学家放弃发表公开声明，利用媒体来充当美国政府代言人。这种策略非常有效。即使苏联后来开始公开越来越多的信息，人们也普遍认为，西方国家电视网络和报纸比无论美国政府还是苏联政府的信息来源和描述更加可靠。

领导干部要做一个有效的沟通者，需要通过模拟演练来提升媒体应对的综合能力。在突发事件应对过程中，新闻发布会因为具备权威发布、直面媒体、现场互动等特点，能够及时表明态度、树立形象、有效传播，因此具有不可替代的重要作用。同时，领导干部的媒体应对能力普遍亟须提升。媒体应对的一个典型错误做法，就是在没有充分准备的情况下就贸然与媒体对话。这时候，领导者只能刻板地诵读技术专家代拟的稿件，而这些许多人听不太懂的技术官僚语言，不仅不能体现专业化程度，反而可能为舆论误读大开方便之门，试图消除疑虑的信息或许因此产生相反的效果。领导者前后发出的信息，以及与其他官方渠道的信息要保持一致。要善待媒体，媒体被对待的态度往往决定了他们如何撰写新闻稿的立场。在发言中不要过分乐观，只展现危机中美好的一面，不要过分展现自信而变得信口开河。新闻发布中的仪式也很重要，比如公开道歉，许诺组成官方调查组，誓言惩治责任者等。要警惕隐瞒真相的陷阱，谎言往往被轻易地揭穿，所带来的反噬是领导者所不能承受的。

第六章

预备能力：应变有韧性

　　备预不虞，为国常道。对于可能发生的突发事件，除了尽力做到前述的预防、预警，以及通过预案提高突发事件介入初期的效果，通过预演提高领导者应急决策水平，还可以通过加强各方面日常预备，增加经受突发事件冲击力的韧性，减少损失和伤害。应急预备是有效应急处突的最后一道防线。

一、应急韧性

　　突发事件之所以造成难以承受的损失和伤害，重要原因之一是没有足够准备。可以用应对疾病突然发生作比方。要保持身体健康、应对疾病，除了预防疾病、早作诊断、有特效药、找到好大夫，平日强身健体也很重要。强身健体一方面可以预防疾病的发生，另一方面即使发病也容易抗过去，尽力做到减少疾病的伤害和恐惧。相反，如果不注重平日强身健体，不仅可能经常受到疾病的侵袭，还有可能遭受严重的伤害。

　　韧性（resilience）原本是物理学概念，表示材料在塑性变形和破裂过程中吸收能量的能力，引申为受到外力冲击后不发生断裂且能恢复原形态的能力。这一概念扩展到生态学科，又被引进到社会科学领域，指特定社会主体经受冲击后能够通过自我调适、实现自身存续甚至得以强化的能力。

提升应急管理的韧性越发成为不可忽视的方向和路径。随着各类风险和灾害场景及特征的演变，应急管理中的韧性理念越来越为大家所重视。回顾我国应急管理70余年的实践可以发现，我国应急管理总体上遵循了三大理念，即危机应对、风险管理和韧性治理。危机应对的重心在于处置，目的是阻断灾害发展、实施有序救治、减少人员伤亡和财产损失、维护正常秩序等。风险管理的任务是风险的预测和控制，重点是主动预防风险，通过加强源头治理，消灭或减少风险发生的各种可能性，减少风险造成的损失。韧性治理主要强调系统能主动维持和提升调适能力，来有效对抗外部对系统整体的冲击，并在事后迅速再生治理功能。

韧性治理追求的并不是没有风险和灾害的社会，而是不怕风险和灾害的社会。安全威胁因素中不确定和复合性因素的加大，精确地预测、控制、防御等对于安全的积极意义是相对弱化的。韧性治理认为将风险作为一种完全可认知、可预测的外部威胁并不可取，安全问题应当内化为人类社会正常生活的组成部分。风险或许难以预测且不可避免，片面强调抵抗或防止风险发生并不足取，因而需要增强社会面对灾害时的韧性，即抗干扰和恢复能力。这样一来，无论灾害如何发生，社会都能承受其冲击而不至于陷入失序状态或遭受永久性伤害，事后通过总结、反思与学习，社会甚至能变得更为强大。

增强韧性，提升应急管理效果，要求社会各个部分在灾害面前具有高度灵活性，能主动维持和提升自主适应能力，能自我组织、迅速反馈，灵活消解外部对各自部分的冲击，通过各个部分之间维持强有力的联系和反馈作用，从整体上化解外部对系统整体的威胁。政府主导的整体应急具有统一组织应急实施、集中调配应急资源等优势。在此基础上，通过增强韧性治理，就能够在面对高度不确定和高度不稳定的风险时，保障应急决策的制定与组织实施不发生偏离，避免出现延误、发生次生灾害甚至引发系统性风险的可能。因此，保证社会各部分灵活的结构调整和功能优化组合是分散风险、保留应急纠偏机制的可行路径。

二、规划建设

应急规划是指对本地本部门的各项应急管理内容进行统筹安排、部署，包括愿景目标、能力建设方案、重点建设项目等。它基于战略思维，在事前有效协调政府、社会、市场等相关方面，对可调度资源进行合理布局和组织，针对预期目标作出制度化安排。规划过程有助于相关方之间建立协调机制，提高各相关方开展应急准备的系统性、协同性和一致性。应急规划的最终目标，是建立和保持与风险相匹配的能力。

应急规划的基本理念是统筹发展和安全，把安全发展贯穿到国民经济和社会发展的各领域和全过程。制定突发事件应急体系建设规划，应将所需经费纳入本级预算，并加强资金管理，提高资金使用绩效。保证所需突发公共事件应急准备和救援工作资金。对受突发公共事件影响较大的行业、企事业单位和个人，要及时研究提出相应的补偿或救助政策。要对突发公共事件财政应急保障资金的使用和效果进行监管和评估。

在基础设施方面，要改善城乡防灾基础条件，开展城市重要建筑、基础设施系统及社区抗震韧性评价及加固改造，提升学校、医院等公共服务设施和居民住宅容灾备灾水平。加强城市防洪排涝与调蓄设施建设，优化和拓展城市调蓄空间。增强公共设施应对风暴和地质灾害的能力，完善公共设施和建筑应急避难功能。统筹规划建设公共消防设施，加密消防救援站点。实施农村危房改造和地震高烈度设防地区农房抗震改造，逐步建立农村低收入人口住房安全保障长效机制。完善农村道路安全设施。推进自然灾害高风险地区居民搬迁避让，有序引导灾害风险等级高、基础设施条件较差、防灾减灾能力较弱的乡村人口适度向灾害风险较低的地区迁移。

📖 **延伸阅读**

防震标准

抗震设防要求就是建设工程抗震设防标准，也可以称为防震标准。专业术语表述为：抗震设防要求系指建设工程抗御地震破坏的准则和在一定风险水准下的抗震设计采用的地震动参数或地震烈度。抗震设防要求是建设工程保障抗御地震能力的首要设防标准。

防震标准与防洪标准相似，都是以多少年一遇的地震和多少年一遇的洪水进行表述。不同类型和不同重要性的建设工程，其抗御地震的准则和承抗风险是不同的。（1）对房屋建筑类型抗御地震的准则是三阶段设防、两阶段设计，即通常所谓的小震不坏、中震可修、大震不倒的准则。而对一般性的房屋建筑风险水准确定为小震（多遇地震）为50年一遇，中震（基本设防地震）为475年一遇，大震（罕遇地震）为2000年一遇。换一种表述方法，分别对应为50年超越概率63%、10%、2%的水准下的地震烈度。（2）水工建筑的抗御地震的能力或地震动参数，以不出现导致垮坝的裂缝为准则的设计方法。对一般性水坝，抗震设防要求取475年一遇的地震，即50年超越概率10%的烈度或地震动参数值设防。而对大型壅水建筑，则按5000年一遇的地震，即100年超越概率2%的地震烈度或地震动参数进行设防。（3）核电站工程的抗御地震能力的准则，为安全运行和安全停堆防止核泄漏的两阶段考虑。其中保证安全停堆的抗震设防要求为万年一遇的地震，即按100年超越概率1%风险水准下的地震烈度或地震动参数设防。而安全运行的设防则取安全停堆设防烈度或地震的参考值的1/2。

加强基层应急管理能力建设。开展基层应急管理能力标准化建设，为基层应急管理工作人员配备常用应急救援装备和个体防护装备，选取条件较好的区域建设基层移动指挥中心、基层综合应急救援服务站。编制完善应急管理培训大纲、考核标准和相关教材，开展各级应急管理工作人员专业知识培训。推进应急广播系统建设，开展农村应急广播使用人员培训和信息发布演练。在交通不便或灾害事故风险等级高的乡镇开展应急物资储备点（库）建设。

提升基层治理能力。以网格化管理为切入点，完善基层应急管理组织体系，加强人员力量配备，厘清基层应急管理权责事项，落实基层政府及相关部门责任。加强和规范基层综合性应急救援队伍、微型消防站建设，推动设立社区、村应急服务站，培养发展基层应急管理信息员和安全生产社会监督员，建立完善"第一响应人"制度。指导基层组织和单位修订完善应急预案。引导乡镇（街道）、村（社区）防灾减灾基础设施建设有序发展，增强城乡社区综合服务设施应急功能。指导生产经营单位加强应急管理组织建设，推动监管和服务向小微企业延伸。

对于大灾巨灾，应对准备要更加充分。综合救援、专业救援、航空救援力量布局更加合理，应急救援效能显著提升，应急预案、应急通信、应急装备、应急物资、应急广播、紧急运输等保障能力全面加强。实现航空应急力量快速到达灾害事故易发多发地域，缩短灾害事故发生后受灾人员基本生活得到有效救助时间。

加强应急救援指挥中心建设。建成国家应急指挥总部，完善调度指挥、会商研判、模拟推演、业务保障等设施设备及系统。按照就近调配、快速行动、有序救援的原则推进区域应急救援中心工程建设，健全完善指挥场所、综合救援、物资储备、培训演练、装备储备、航空保障场所及配套设施。建设综合应急实训演练基地，完善室内理论教学、室外实操实训、仿真模拟救援等设施设备。完善国家应急医学研究中心工作条件。推进国家、省、市、县四级综合指挥调度平台和地方应急指挥平台示范建设，实现各级政府与行业部门、重点救援队伍互联互通、协调联动。建设重点城市群、都市圈应急救援协同调度平台。

加强避难场所建设。应急场所用于灾害产生的避难人员的生活保障及集中救援，配备应急设施及应急保障设备和物资，是快速妥善安置受灾群众、安定民心、稳定社会的重要设施之一。应急场所须经政府规划建设或认可，主要用于地质、洪涝、台风等自然灾害和安全生产事故的紧急避险。有些避难场所适用于特定灾种，如地震避难所、台风避难中心；有的则适用于综合灾种，如受灾人员集中安置点。具体场地，有的依托室外开放场地搭建，如公园、绿地、广场；有的依托市内场地规划改造，如文化体育场馆、学校、人防工程等。应急管理部门会同卫生健康、自然资源、住房城乡建设等部门统筹、指导全国应急避难场所的建设和管理工作，建立健全应急避难场所标准体系。政府负责本行政区域内应急避难场所的规划、建设和管理工作。

在优化配置应急要素资源方面，合理高效配置科技资源、人才资源、信息资源、产业资源，加强应急管理基础理论研究、关键技术研究、重大装备研发，组建规模合理、素质优良的创新型人才队伍，提高应急管理科技信息化水平。

强化地方属地责任。建立党政同责、一岗双责、齐抓共管、失职追责的应急管理责任制。将应急管理体系和能力建设纳入地方各级党政领导干部综合考核评价内容。推动落实地方党政领导干部安全生产责任制，制定安全生产职责清单和年度工作清单，将安全生产纳入高质量发展评价体系。健全地方政府预防与应急准备、灾害事故风险隐患调查及监测预警、应急处置与救援救灾等工作责任制，推动地方应急体系和能力建设。

明确部门监管责任。严格落实管行业必须管安全、管业务必须管安全、管生产经营必须管安全要求，依法依规进一步夯实有关部门在危险化学品、新型燃料、人员密集场所等相关行业领域的安全监管职责，加强对机关、团体、企业、事业单位的安全管理，健全责任链条，加强工作衔接，形成监管合力，严格把关重大风险隐患，着力防范重点行业领域系统性安全风险，坚决遏制重特大事故。

落实生产经营单位主体责任。健全生产经营单位负责、职工参与、政府监管、行业自律、社会监督的安全生产治理机制。将生产经营单位的主要负责人列为本单位安全生产第一责任人。以完善现代企业法人治理体系为基础，建立企业全员安全生产责任制度。健全生产经营单位重大事故隐患排查治理情况向负有安全生产监督管理职责的部门和职工大会（职代会）"双报告"制度。推动重点行业领域规模以上企业组建安全生产管理和技术团队，提高企业履行主体责任的专业能力。实施工伤预防行动计划，按规定合理确定工伤保险基金中工伤预防费的比例。

建立严格责任追究机制。健全灾害事故直报制度，严厉追究瞒报、谎报、漏报、迟报责任。建立完善重大灾害调查评估和事故调查机制，坚持事故查处"四不放过"原则，推动事故调查重点延伸到政策制定、法规修订、制度管理、标准技术等方面。加强对未遂事故和人员受伤事故的调查分析，严防小隐患酿成大事故。完善应急管理责任考评指标体系和奖惩机制，定期开展重特大事故调查处理情况"回头看"。综合运用巡查、督查等手段，强化对安全生产责任落实情况的监督考核。

📖 延伸阅读

《"十四五"国家应急体系规划》中的安全应急产品和服务发展重点

1.高精度监测预警产品：灾害事故动态风险评估与监测预警产品、危险化学品侦检产品等。

2.高可靠风险防控与安全防护产品：救援人员防护产品、重要设施防护系统、工程与建筑施工安全防护设备、防护材料等。

3.新型应急指挥通信和信息感知产品：应急管理与指挥调度平台、应急通信产品、应急广播系统、灾害现场信息获取产品等。

4.特种交通应急保障产品：全地形救援车辆、大跨度舟桥、大型隧道抢通产品、除冰雪产品、海上救援产品、铁路事故应急处置产品等。

5.重大消防救援产品：轨道交通消防产品、机场消防产品、高层建筑消防产品、地下工程消防产品、化工灭火产品、森林草原防灭火产品、消防侦检产品、消防员职业健康产品、消防员训练产品、高性能绿色阻燃材料、环境友好灭火剂等。

6.灾害事故抢险救援关键装备：人员搜索与物体定位产品、溢油和危险化学品事故救援产品、矿难事故救援产品、矿山安全避险及防护产品、特种设备应急产品、电力应急保障产品、高机动全地形应急救援装备、大流量排涝排水装备、多功能应急电源产品、便携机动救援装备、密闭空间排烟装备、生命探测装备、事故灾难医学救护关键装备等。

7.智能无人应急救援装备：长航时大载荷无人机、大型固定翼航空器、无人船艇、单兵助力机器人、危险气体巡检机器人、矿井救援机器人、井下抢险作业机器人、灾后搜救水陆两栖机器人等。

8.应急管理支撑服务：风险评估服务、隐患排查服务、检验检测认证服务等。

9.应急专业技术服务：自然灾害防治技术服务、消防技术服务、安全生产技术服务、应急测绘技术服务、安保技术服务、应急医学服务等。

10.社会化应急救援服务：航空救援服务、应急物流服务、道路救援服务、海上溢油应急处置服务、海上财产救助服务、安全教育培训服务、应急演练服务、巨灾保险等。

配备预警和救援装备。公共交通工具、公共场所和其他人员密集场所的经营单位或管理单位，应当制定具体应急预案，为交通工具和有关场所配备报警装置和必要的应急救援设备、设施，注明其使用方法，并显著标明安全撤离的通道、路线，保证安全通道、出口的畅通。有关单位应当定期检测、维护其报警装置和应急救援设备、设施，使其处于良好状态，确保正常使用。

三、队伍建设

加强应急救援主力军国家队建设。国家综合性消防救援队伍是应急救援的综合性常备骨干力量，按照国家有关规定执行综合应急救援任务。要积极适应"全灾种、大应急"综合救援需要，优化力量布局和队伍编成，填补救援力量空白，加快补齐国家综合性消防救援队伍能力建设短板。加强高层建筑、大型商业综合体、城市地下轨道交通、石油化工企业火灾扑救和地震、水域、山岳、核生化等专业救援力量建设，建设一批机动和拳头力量。发挥机动力量优势，明确调动权限和程序、与属地关系及保障渠道。加大先进适用装备配备力度，强化多灾种专业化训练，提高队伍极端条件下综合救援能力，增强防范重大事故应急救援中次生突发环境事件的能力。发展政府专职消防员和志愿消防员，加强城市消防站和乡镇消防队建设。加强跨国（境）救援队伍能力建设，积极参与国际重大灾害应急救援、紧急人道主义援助。适应准现役、准军事化标准建设需要和职业风险高、牺牲奉献大的特点，完善国家综合性消防救援队伍专门保障机制，提高职业荣誉感和社会尊崇度。

加强应急救援的专业队伍和骨干力量。县级以上人民政府有关部门可以根据实际需要设立专业应急救援队伍。公安（消防）、医疗卫生、地震救援、海上搜救、矿山救护、森林消防、防洪抢险、核与辐射、环境监控、危险化学品事故救援、铁路事故、民航事故、基础信息网络和重要信息系统事故处置，以及水、电、油、气等工程抢险救援队伍是应急救援的专业队伍和骨干力量。地方各级人民政府和有关部门、单位要加强应急救援队伍的业务培训和应急演练，建立联动协调机制，提高装备水平；动员社会团体、企事业单位以及志愿者等各种社会力量参与应急救援工作；增进国际间的交流与合作。要加强以乡镇和社区为单位的公众应急能力建设，发挥其在应对突发公共事件中的重要作用。

提升行业救援力量专业水平。强化有关部门、地方政府和企业所属各行业领域专业救援力量建设，组建一定规模的专业应急救援队伍、大型工程抢险队伍和跨区域机动救援队伍。完善救援力量规模、布局、装备配备和基础设施等建设标准，健全指挥管理、战备训练、遂行任务等制度，加强指挥人员、技术人员、救援人员实操实训，提高队伍正规化管理和技战术水平。加强各类救援力量的资源共享、信息互通和共训共练。健全政府购买应急服务机制，建立政府、行业企业和社会各方多元化资金投入机制，加快建立应急救援队伍多渠道保障模式。加强重点国际铁路、跨国能源通道、深海油气开发等重大工程安全应急保障能力建设。

加快建设航空应急救援力量。用好现有资源，统筹长远发展，加快构建应急反应灵敏、功能结构合理、力量规模适度、各方积极参与的航空应急救援力量体系。引导和鼓励大型民航企业、航空货运企业建设一定规模的专业航空应急队伍，购置大型、重型航空飞行器，提高快速运输、综合救援、高原救援等航空应急能力。采取直接投资、购买服务等多种方式，完善航空应急场站布局，加强常态化航空力量部署，增加森林航空消防飞机（直升机）机源和数量，实现森林草原防灭火重点区域基本覆盖。完善航空应急救援空域保障机制和航空器跨区域救援协调机制。支持航空应急救援配套专业建设，加强航空应急救援专业人才培养。

加强基层应急队伍建设。为组建的应急救援队伍购买人身意外伤害保险，配备必要的防护装备和器材，减少应急救援人员的人身风险。建立健全突发事件应对管理培训制度，对人民政府及其有关部门、居民委员会、村民委员会负有处置突发事件职责的工作人员定期进行培训。县级人民政府及其有关部门、乡级人民政府、街道办事处应当组织开展应急知识的宣传普及活动和必要的应急演练。

发挥专业人员在突发事件应对管理中的作用。建立各类专业人才库，健全突发事件专家咨询论证制度，可以根据实际需要聘请有关专家组成专家组，为应急管理提供决策建议，必要时参加突发公共事件的应急处置工作。

以案说理 山东栖霞"1·10"笏山金矿事故救援

2021年1月10日，位于栖霞市西城镇笏山村正在建设的五彩龙金矿发生爆炸，造成10人死亡、1人失踪、直接经济损失6847.33万元的重大生产安全责任事故。事故发生后，省市县一体化应急救援指挥部投入大量专业救援力量和设备全力救援，创造了11人获救的救援奇迹。

专家力量在救援中发挥了至关重要的作用。基于救援需求和难点，救援指挥部选取了相应技术领域的46名专业人员组成专家组，作为救援指挥部的核心，与其他工作组一起发挥着作用。在省市县一体化救援指挥部中，专家组的工作职责包括：（1）组织相关专业人员及时对井下环境进行灾害性评估分析，预测事态变化及发生趋势，为指挥部决策提供建议；（2）负责钻孔合理位置选择及设计；（3）负责制定竖井清障安全技术措施和局部通风措施；（4）负责制定应急排水方案；（5）做好救援过程技术指导工作。

其中，专家组承担现场救援组中的技术工作，具体下设井下救援组、技术专家组和钻井组三个施救组，在现场救援和总体救援工作中发挥着重要的衔接作用。一方面，专家组向救援指挥部提供救援技术方案意见供指挥部决策；另一方面，在指挥部通过救援技术方案后，专家组指导现场救援组，尤其是各专业救援队伍具体实施救援技术方案。应急救援中技术支撑的充分性与有效性不仅取决于技术专家的专业性和对专家组的重视程度，更重要的是要在技术救援方面维护专家的独立决策权。在"1·10"笏山金矿事故救援中，专家组在技术救援方面具有高度的自主性和独立性，这充分保障了此次事故救援的科学性和有效性。由于技术救援独立决策权得到充分维护，专家组始终保持着科学的态度开展技术分析、科学研判、反复论证，制定了井筒清障和钻孔施救同步实施方案，形成了"3+1"救援方案，为救援的最终成功提供了科学的技术支撑。

中国人民解放军和中国人民武装警察部队是处置突发公共事件的骨干和突击力量，建立健全相关应急管理机制，依法依规依需参加应急处置工作。中国人民解放军、中国人民武装警察部队和民兵组织应当有计划地组织开展应急救援的专门训练。

加强应急专业人才培养。建立应急管理专业人才目录清单，拓展急需紧缺人才培育供给渠道，完善人才评价体系。实施应急管理科技领军人才和技术带头人培养工程。加强应急管理智库建设，探索建立应急管理专家咨询委员会和重特大突发事件首席专家制度。将应急管理纳入各类职业培训内容，强化现场实操实训。加强注册安全工程师、注册消防工程师等职业资格管理，探索工程教育专业认证与国家职业资格证书衔接机制。依托应急管理系统所属院校，按程序和标准筹建应急管理类大学，建强中国消防救援学院。鼓励各地依托现有资源建设一批应急管理专业院校和应急管理职业学院。加强应急管理学科专业体系建设，鼓励高校开设应急管理相关专业。加强综合型、复合型、创新型、应用型、技能型应急管理人才培养。实施高危行业领域从业人员安全技能提升行动，严格执行安全技能培训合格后上岗、特种作业人员持证上岗制度，积极培养企业安全生产复合型人才和岗位能手。提升应急救援人员的多言多语能力，依托高校、科研院所、医疗机构、志愿服务组织等力量建设专业化应急语言服务队伍。

加强应急干部队伍建设。坚持党管干部原则，坚持好干部标准，贯彻落实新时代党的组织路线，建立健全具有应急管理职业特点的"选、育、管、用"干部管理制度，树立讲担当重担当、重实干重实绩的用人导向，选优配强各级应急管理领导班子。将应急管理纳入地方党政领导干部必修内容，开发面向各级领导干部的应急管理能力培训课程。完善应急管理干部素质培养体系，建立定期培训和继续教育制度，提升应急管理系统干部政治素养和业务能力。加大专业人才招录和培养力度，提高应急管理干部队伍专业人才比例。推进应急管理系统、国家综合性消防救援队伍干部交流，加强优秀年轻干部发现培养和选拔使用。建立健全符合应急管理职业特点的待遇保障机制，完善职业荣誉激励、表彰奖励和疗休养制度。

四、社会共治

在理念和实践上解决好"为了人民"这个问题的基础上，更加注重"依靠人民"这个命题，把群众观点和群众路线贯穿工作始终。加强和创新社会治理，发挥市场机制作用，强化联防联控、群防群治，普及安全知识，培育安全文化，不断提高全社会安全意识，筑牢防灾减灾救灾的人民防线。提高社会公众应急意识和自救互救能力，提升社会治理的精准化水平，优化社会应急力量发展环境，形成共建共治共享的应急管理格局。

引导社会应急力量有序发展。国家建立有效的社会动员机制，组织动员企业事业单位、社会组织、志愿者等各方力量依法有序参与突发事件应对工作，增强全面的公共安全和防范风险的意识，提高全社会的避险救助能力。制定出台加强社会应急力量建设的意见，对队伍建设、登记管理、参与方式、保障手段、激励机制、征用补偿等作出制度性安排，对社会应急力量参与应急救援行动进行规范引导。建立由成年志愿者组织的救援队伍。乡级人民政府、街道办事处和有条件的居民委员会、村民委员会可以建立基层应急救援队伍，及时、就近开展应急救援。单位应当建立由本单位职工组成的专职或兼职应急救援队伍。鼓励和支持社会力量建立提供社会化应急救援服务的应急救援队伍。社会力量建立的应急救援队伍参与突发事件应对工作应当服从履行统一领导职责或者组织处置突发事件的人民政府、突发事件应急指挥机构的统一指挥。支持城乡社区组织健全应急工作机制，强化城乡社区综合服务设施和信息平台应急功能，加强与应急事件信息系统数据共享，增强突发事件应急处置中村、社区保障群众基本生活和服务群众能力。

加强群众自救能力。开展社会应急力量应急理论和救援技能培训，加强与国家综合性消防救援队伍等联合演练，定期举办全国性和区域性社会应急力量技能竞赛，组织实施分级分类测评。鼓励社会应急力量深入基层社区排查风险隐患、普及应急知识、就近就便参与应急处置等。推动将社会应急力量参与防灾减灾救灾、应急处置等纳入政府购买服务和保险范围，在道路通行、后勤保障等方面提供必要支持。

完善群众安全教育体系，推动安全宣传进企业、进农村、进社区、进学校、进家庭，加强公益宣传，普及安全知识，培育安全文化，开展常态化应急疏散演练，支持引导社区居民开展风险隐患排查和治理，积极推进安全风险网格化管理，筑牢防灾减灾救灾的人民防线。加强应急科普宣教工程建设，利用传统媒体、网站和新媒体平台等载体，面向不同社会群体开发推广应急科普教材、读物、动漫、游戏、影视剧、短视频等系列产品。建设数字防灾减灾教育资源公共服务平台、标准化应急知识科普库、公众科普宣教平台和应急虚拟体验馆。利用废弃矿山、搬迁化工企业旧址和遗留设施等，建设安全生产主题公园、体验基地；依托科技馆、城市森林公园、灾害遗址公园等设施，建设集灾害事故科普教育、法规政策宣传、应急体验、自救互救模拟等功能于一体的安全文化教育基地、应急消防科普教育基地。居民委员会、村民委员会、企业事业单位、社会组织应当根据所在地人民政府的要求，结合各自的实际情况，开展有关突发事件应急知识的宣传普及活动和必要的应急演练。各级各类学校应当把应急知识教育纳入教学内容，对学生进行应急知识教育，培养学生的安全意识和自救与互救能力。教育主管部门应当对学校开展应急知识教育进行指导和监督。

推动企业和社会组织参与应急管理。实行企业安全生产信用风险分类管理制度，建立企业安全生产信用修复机制，依法依规公布安全生产领域严重失信主体名单并实施失信联合惩戒。支持行业协会制定行约行规、自律规范和职业道德准则，建立健全职业规范和奖惩机制。鼓励行业协会、专业技术服务机构和保险机构参与风险评估、隐患排查、管理咨询、检验检测、预案编制、应急演练、教育培训等活动。推进检验检测认证机构市场化改革，支持第三方检测认证服务发展，培育新型服务市场。

发挥志愿者、慈善组织的作用。鼓励自然人、法人或者其他组织（包括国际组织）按照《中华人民共和国公益事业捐赠法》等有关法律、法规的规定为人民政府开展突发事件应对管理工作提供物资、资金、技术支持和捐赠。接受捐赠的单位应当公开接受捐赠的情况和受赠财产的使用、管理情况，接受社会监督。红十字会在突发事件中，应当对伤病人员和其他受害者提供紧急救援和人道救助，并协助人民政府开展与其职责相关的其他人道主义服务活动。有关人民政府应当给予红十字支持和资助，保障其依法参与应对突发事件。慈善组织在发生重大突发事件时，应当在有关人民政府的统筹协调、有序引导下依法开展募捐和救助活动。有关人民政府应当通过提供必要的需求信息、政府购买服务等方式对慈善组织参与应对突发事件予以支持。

探索应急管理的市场化机制。强化保险等市场机制在风险防范、损失补偿、恢复重建等方面的积极作用，探索建立多渠道多层次的风险分担机制，大力发展巨灾保险。鼓励企业投保安全生产责任保险，丰富应急救援人员人身安全保险品种。发展巨灾保险事业，建立巨灾风险保险体系，并鼓励单位和公民参加保险。

理论链接

要健全统一的应急物资保障体系，把应急物资保障作为国家应急管理体系建设的重要内容，按照集中管理、统一调拨、平时服务、灾时应急、采储结合、节约高效的原则，尽快健全相关工作机制和应急预案。

——习近平：在中央全面深化改革委员会第十二次会议上的讲话（2020年2月14日）

五、物资保障

我国当前的应急物资储备主要包括应急救援物资、生活必需品和应急处置装备。救灾物资事关受灾群众基本生活保障，应急装备是应急救援处置的资源基础。应急储备体系目前以行业和部门为主，应急救援与处置的相关物资储备主要由分类管理部门和相关行业进行储备。生活保障类的物资储备主要由民政部门进行储备，应急处置装备主要由专业救援队伍和有关生产企业进行储备。应急物资来源以政府储备和采购为主、社会捐赠为补充。

应急物资储备规划应当纳入物资储备总体发展规划。按照集中管理、统一调拨、平时服务、灾时应急、采储结合、节约高效的原则，建立健全应急物资储备保障制度，建立健全应急物资监测网络、预警体系，以及应急物资监管、采购、生产、储备、调拨和紧急配送体系，完善应急工作程序，动态更新应急物资储备品种目录，促进应急产业发展，优化产业布局，确保应急所需物资和生活用品的及时供应，及时予以补充。设区的市级以上人民政府和突发事件易发、多发地区的县级人民政府应当建立应急救援物资、生活必需品和应急处置装备的储备制度。县级以上地方人民政府应当根据本地区的实际情况和突发事件应对管理工作的需要，依法与有条件的企业签订协议，保障应急救援物资、生活必需品和应急处置装备的生产、供给。有条件的企业应当按照县级以上地方人民政府要求，依法签订协议，进行应急救援物资、生活用品和应急处置装备的生产、供给，并确保符合国家有关产品质量的标准和要求。鼓励公民、法人和其他组织储备基本的应急自救物资和生活必需品。任何单位和个人不得截留挪用、私分或者变相私分应急救援资金、物资。

优化应急物资管理。按照中央层面满足应对特别重大灾害事故的应急物资保障峰值需求、地方层面满足启动本行政区域Ⅱ级应急响应的应急物资保障需求，健全完善应急物资保障体系，建立中央和地方、政府和社会、实物和产能相结合的应急物资储备模式，加强应急物资资产管理，建立健全使用和管理情况的报告制度。建立跨部门应急物资保障联动机制，健全跨区域应急物资协同保障机制。依法完善应急处置期间政府紧急采购制度，优化流程、简化手续。完善各类应急物资政府采购需求标准，细化技术规格和参数，加强应急物资分类编码及信息化管理。完善应急物资分类、生产、储备、装卸、运输、回收、报废、补充等相关管理规范。完善应急捐赠物资管理分配机制，规范进口捐赠物资审批流程。

加强物资实物储备。完善中央、省、市、县、乡五级物资储备布局，建立健全包括重要民生商品在内的应急物资储备目录清单，合理确定储备品类、规模和结构并动态调整。建立完善应急物资更新轮换机制。扩大人口密集区域、灾害事故高风险区域和交通不便区域的应急物资储备规模，丰富储备物资品种、完善储备仓库布局，重点满足流域大洪水、超强台风以及特别重大山洪灾害应急的物资需要。支持政企共建或委托企业代建应急物资储备库。

提升物资产能保障。制定应急物资产能储备目录清单，加强生产能力动态监控，掌握重要物资企业供应链分布。实施应急产品生产能力储备工程，建设区域性应急物资生产保障基地。选择符合条件的企业纳入产能储备企业范围，建立动态更新调整机制。完善鼓励、引导重点应急物资产能储备企业扩能政策，持续完善应急物资产业链。加强对重大灾害事故物资需求的预判研判，完善应急物资储备和集中生产调度机制。

📖 **延伸阅读**

《"十四五"国家应急体系规划》中的物资储备布局

1.中央生活类救灾物资：改扩建现有20个中央生活类救灾物资储备库和35个综合仓库，在交通枢纽城市、人口密集区域、易发生重特大自然灾害区域建设7个综合性国家储备基地。

2.综合性消防救援应急物资：在北京、沈阳等地建设8个中央级库，依托消防救援总队训练与战勤保障支队建设31个省级库，在三类以上消防救援支队所在地市建设227个地市级库。

3.森林消防应急物资：在成都、海拉尔等地建设7个中央级库，依托森林消防总队建设5个省级库，在森林消防支队所在地建设36个地市级库。

4.地方应急物资：改扩建现有应急物资储备库，推进县级应急物资储备库建设，重点支持中西部和经济欠发达高风险地区储备库建设。

六、科技支撑

科技是应急处突的重要保障。2016年，国家安全监管总局制定印发了《关于推动安全生产科技创新的若干意见》。2017年4月25日，科技部发布了《"十三五"公共安全科技创新专项规划》。2022年9月15日，为贯彻落实《中华人民共和国国民经济和社会发展第十四个五年规划和2035年远景目标纲要》，明确"十四五"期间公共安全与防灾减灾领域科技创新的总体思路、发展目标和重点任务，科技部、应急管理部制定了《"十四五"公共安全与防灾减灾科技创新专项规划》。其总体目标是，到2025年，在公共安全与防灾减灾应用基础研究、共性关键技术与核心装备研发等方面取得重大突破，重大灾害事故防控技术创新体系进一步完善，重大自然灾害防控、重点行业领域安全生产、重大灾害事故应急救援装备技术水平大幅提升；推动实施自然灾害防治技术装备现代化工程和安全应急装备创新发展工程，建设公共安全与防灾减灾领域国家战略科技力量，实现精密监测、精确预警、精准防控、高效救援，支撑建设更高水平的平安中国。

国家加强应急管理基础科学和重点领域关键核心技术的研究，鼓励、扶持具备相应条件的教学科研机构培养应急管理专门人才和科技人才，鼓励、扶持教学科研机构和有关企业研究开发用于突发事件预防、预测、预警、应急处置与救援的新技术、新材料、新设备和新工具。鼓励和支持可以用于突发事件应对的互联网、云计算、大数据、人工智能等现代技术手段研究，提高突发事件应对水平。注意发挥企业在公共安全领域的研发作用。

深化应用基础研究。聚焦灾害事故防控基础问题，强化多学科交叉理论研究。开展重大自然灾害科学考察与调查。整合利用中央和地方政府、企业以及其他优势科技资源，加强自主创新和"卡脖子"技术攻关。实施重大灾害事故防治、重大基础设施防灾风险评估等国家科技计划项目，制定国家重大应急关键技术攻关指南，加快主动预防型安全技术研究。

研制先进适用装备。加快研制适用于高海拔、特殊地形、原始林区等极端恶劣环境的智能化、实用化、轻量化专用救援装备。鼓励和支持先进安全技术装备在应急各专业领域的推广应用，完善《淘汰落后与推广先进安全技术装备目录》动态调整机制。着力推动一批关键技术装备的统型统配、认证认可、成果转化和示范应用。加快航天、航空、船舶、兵器等军工技术装备向应急领域转移转化。

搭建科技创新平台。以国家级实验室建设为引领，加快健全主动保障型安全技术支撑体系，完善应急管理科技配套支撑链条。整合优化应急领域相关共性技术平台，推动科技创新资源开放共享，统筹布局应急科技支撑平台，新增具备中试以上条件的灾害事故科技支撑基地10个以上。完善应急管理领域科技成果使用、处置收益制度，健全知识、技术、管理、数据等创新要素参与利益分配的激励机制，推行科技成果处置收益和股权期权激励制度。

推进应急标准建设。实施应急管理标准提升行动计划，建立结构完整、层次清晰、分类科学的应急管理标准体系。构建完善应急管理、矿山安全等相关专业标准化技术组织。针对灾害事故暴露出的标准短板，加快制修订一批支撑法律有效实施的国家标准和行业标准，研究制定应急管理领域大数据、物联网、人工智能等新技术应用标准，鼓励社会团体制定应急产品及服务类团体标准。加快安全生产、消防救援领域强制性标准制修订，尽快制定港区消防能力建设标准，开展应急管理相关国家标准实施效果评估。推动企业标准化与企业安全生产治理体系深度融合，开展国家级应急管理标准试点示范。鼓励先进企业创建应急管理相关国际标准，推动标准和规则互认。加大应急管理标准外文版供给。

加强科技创新驱动工程建设。建设重大自然灾害风险综合防范、重特大生产安全事故防控、复合链生灾害事故防治、城市安全与应急、矿山重大灾害治理、防汛抗旱应急技术、应急医学救援等国家级实验室和部级实验室。建设地震科学实验场和地震动力学国家重点实验室。实施大灾巨灾情景构建工程。建设火灾防治、消防救援装备、防汛抗旱和气象灾害防治、应急救援机器人检测、无人机实战验证、应急通信和应急装备物联网、大型石油储罐火灾抢险救援、城市跨类灾害事故防控、煤矿深部开采与冲击地压防治、高瓦斯及突出煤矿灾害防治等研究基地。依托现有机构完善危险化学品安全研究支撑平台。优化自然灾害领域国家野外科学观测研究站布局。建设应急管理领域国家科技资源共享服务平台和重点灾害地区综合防灾减灾技术支撑平台。完善区域地球表层、巨灾孕育发生机理等模拟系统和国际灾害信息管理平台。

信息化建设是应急科技支撑的重点领域。应急处突需要信息化支撑，尤其是现代信息技术的广泛应用。没有应急管理信息化，就很难称得上应急管理现代化。全天候应急值守、风险智能化感知、预警信息发布、灾情研判与共享、应急指挥调度等，都离不开信息化。2018年12月，应急管理部印发了《应急管理部信息化发展战略规划框架（2018—2022年）》，实施全国应急指挥信息网、电子政务外网贯通攻坚战，实现国家、省、市、县四级各相关单位全面贯通，信息基础设施建设实现跨越式发展。要求广泛吸引各方力量共同参与，集约建设信息基础设施和信息系统。推动跨部门、跨层级、跨区域的互联互通、信息共享和业务协同。强化数字技术在灾害事故应对中的运用，全面提升监测预警和应急处置能力。加强空、天、地、海一体化应急通信网络建设，提高极端条件下应急通信保障能力。建设绿色节能型高密度数据中心，推进应急管理云计算平台建设，完善多数据中心统一调度和重要业务应急保障功能。系统推进"智慧应急"建设，建立符合大数据发展规律的应急数据治理体系，完善监督管理、监测预警、指挥救援、灾情管理、统计分析、信息发布、灾后评估和社会动员等功能。升级气象核心业务支撑高性能计算机资源池，搭建气象数据平台和大数据智能应用处理系统。推进自主可控核心技术在关键软硬件和技术装备中的规模应用，对信息系统安全防护和数据实施分级分类管理，建设新一代智能运维体系和具备纵深防御能力的信息网络安全体系。

📖 **延伸阅读**

《"十四五"国家应急体系规划》中的科研重点

1.基础理论：重大复合灾害事故动力学演化与防控；重大自然灾害及灾害链成因、预报预测与风险防控；极地气象灾害形成机理和演化规划；重要地震带孕震机理；高强度火灾及其衍生灾害演化；安全生产风险监测预警与事故防控；矿山深部开采与复杂耦合重大灾害防治；火灾防治与消防基础理论研究。

2.应急准备：重大灾害事故过程数值模拟技术；多灾种耦合模拟仿真、预测分析与评估研判技术；重大灾害事故风险智能感知与超前识别技术；重大灾害事故定量风险评估技术；重大基础设施危险源识别共性技术；城市基础设施灾害事件链分析技术；智能无人化安全作业技术。

3.监测预警：大地震孕育发生过程监测与预测预报关键技术与装备；突发性特大海啸监测预警关键技术与装备；重大气象灾害及极端天气气候事件智能化精细化监测预警技术与装备；雷击火监测预警技术；城市消防安全风险监测与预测预警技术；浓雾、路面低温结冰等其他高影响天气实时监测报警和临近预警技术；矿山瓦斯、冲击地压、水害、火灾、冒顶、片帮、边坡坍塌、尾矿库溃坝等重大灾害事故智能感知与预警预报技术与装备；油气开采平台重特大事故监测和早期溢流智能预警技术；海上溢油漂移预测技术、海上溢油量评估技术。

4.处置救援：复杂环境下应急通信保障、紧急运输等技术与装备；复杂环境下破拆、智能搜救和无人救援技术与装备；极端或特殊环境下人体防护、机能增强装备；重大灾害事故现场应急医学救援关键技术与装备；易燃易爆品储运设施设备阻隔防爆新技术与装备；重大复合链生灾害应急抢险及处置救援技术与装备；火爆毒多灾耦合事故应急洗消与火灾扑救先进技术与装备；高效灭火装备与特种消防车辆；森林草原灭火专用装备、隔离带开设装备、火场个人防护装备；溃堤、溃坝、堰塞湖等重大险情应急处置技术与装备；巡坝查险、堵口抢险装备；水上大规模人命救助、大深度扫测搜寻打捞、大吨位沉船打捞、饱和潜水、浅滩打捞、大规模溢油回收清除技术与装备；危险化学品事故快速处置技术与装备；油气长输管道救援技术与装备；隧道事故快速救援技术与装备；海上油气事故救援技术与装备；矿山重大事故应急救援技术与装备；严重核事故应急救援技术与装备；应急交通运输先进技术与装备。

5.评估恢复：灾害事故精准调查评估技术；灾后快速评估与恢复重建技术；强台风及龙卷风灾损评估与恢复技术；火爆毒、垮塌及交通等事故追溯、快速评估与恢复技术；深远海井喷失控事故快速评估、处置及生产恢复技术。

领导干部应急处突能力建设的关键在于提升六种环环相扣的"预能力"。不仅预防突发事件发生，还预防突发事件处置失败，尽力减少突发事件造成的冲击和危害。这些能力可以通过学习、规划、演练、准备等，在突发事件"事前"就"预先"具备。

第一，"预谋"能力，是要了解突发事件与应急管理的基本知识规律、理念原则、体制机制、政策法规等，做到知己知彼，百战百胜。

第二，"预防"能力，是要把应急处突工作关口前移，将更多关注点放到突发事件爆发之前，防范化解风险隐患，避免突发事件发生。

第三，"预警"能力，是在突发事件未能预防的情况下，在突发事件萌发但还未形成显著危机或危害之前，早发现、早应对，将其消灭在萌芽状态或减轻危害和冲击。

第四，"预案"能力，是在突发事件已经形成危害的紧急状况下，领导干部能利用预案作为危机决策参考，减少应对初期的慌乱、混乱，尽早进入有序处置和救援状态，争取最大应急处突效果。

第五，"预演"能力，是领导干部通过构建情景和模拟演练，在实操中"红红脸、出出汗"，适应应急处突压力氛围，体会应急处突特点，总结应急处突规律，重点提升危机决策和媒体应对能力。

第六，"预备"能力，是将安全要求贯穿经济社会发展各领域全过程，通过应急管理规划建设、队伍建设、社会共治、科技支撑、应急保障等，提升突发事件爆发后的应对韧性，减少灾害损失，加快恢复重建。

在突发事件演变过程中，这六种能力就像六道闸门，层层设防，尽力抵挡突发事件的冲击，消除或减轻突发事件造成的危害。而且，这些能力发挥作用的阶段和方式不同。预谋能力发挥作用贯穿应急处突全过程，为应急处突的各个环节提供规律性认识、理念支撑和制度保障等。预防能力发挥作用在突发事件发生之前，目标是避免形成突发事件。预案能力、预演能力、预备能力，发挥作用在突发事件发生之后，目标是更好处置已经发生的突发事件。预警能力发挥作用是在突发事件发生前后的过渡或酝酿阶段——事态可能会演变成带来危害或危机的突发事件，也可能不会，目标是一旦形成突发事件危机状态，能够提前布置应对措施，减少混乱和损失。

这个能力框架充分体现了"公共安全治理模式向事前预防转型"的基本理念。同时，这里的预防是"大预防"，不仅包括防止突发事件发生，还包括防止突发事件处置失败，这些都需要在突发事件发生前就预先开展工作、提升能力。其目标是将应急处突这一紧急状态下的非常规工作，更大程度上向非紧急状态下的常规工作转化，从而提高应急处突工作成效。

在这个能力框架中，没有把事后恢复、灾后重建、事故调查、反思改进等传统应急管理环节放进去。一方面，应急处突本质上是紧急状态下的非常规工作，而事后环节已经不属于紧急状态，通常可以用常规方式开展完成；另一方面，有所为有所不为，这种处理方式更加凸显应急处突工作"关口前移"的理念。

附录

应急处突相关政策法规[①]

表1 应急管理综合性相关政策法规

名称	时间
中华人民共和国宪法	2018年3月11日
中华人民共和国国家安全法	2015年7月1日
中华人民共和国突发事件应对法	2007年11月1日
中华人民共和国安全生产法	2021年9月1日
中华人民共和国国防动员法	2010年7月1日
重大行政决策程序暂行条例	2019年9月1日
国家突发公共事件总体应急预案	2005年4月17日
"十四五"国家应急体系规划	2021年12月30日
中共中央 国务院关于建立国土空间规划体系并监督实施的若干意见	2019年5月9日
关于深化应急管理综合行政执法改革的意见	2020年9月27日
突发事件应急预案管理办法	2013年10月25日
应急管理标准化工作管理办法	2019年7月7日
全国应急管理系统法治宣传教育第八个五年计划（2021—2025年）	2022年1月26日

[①] 各表格中的时间为公布、施行或最新修订的时间。

表 2　安全生产领域的部分应急管理政策法规

名称	时间
中华人民共和国特种设备安全法	2014 年 1 月 1 日
生产安全事故应急条例	2019 年 4 月 1 日
生产安全事故报告和调查处理条例	2007 年 6 月 1 日
安全生产许可证条例	2014 年 7 月 29 日
特种设备安全监察条例	2009 年 1 月 24 日
生产经营单位从业人员安全生产举报处理规定	2020 年 9 月 16 日
生产经营单位安全培训规定	2015 年 5 月 29 日
安全生产事故隐患排查治理暂行规定	2008 年 2 月 1 日
安全生产行政复议规定	2007 年 11 月 1 日
生产安全事故罚款处罚规定	2015 年 4 月 2 日
地方党政领导干部安全生产责任制规定	2018 年 4 月 8 日
冶金企业和有色金属企业安全生产规定	2018 年 3 月 1 日
工贸企业有限空间作业安全管理与监督暂行规定	2015 年 5 月 29 日
安全生产监管监察职责和行政执法责任追究的规定	2015 年 4 月 2 日
安全生产行政处罚自由裁量适用规则（试行）	2010 年 10 月 1 日
生产安全事故应急预案管理办法	2019 年 7 月 11 日
安全评价检测检验机构管理办法	2019 年 3 月 20 日
安全生产培训管理办法	2015 年 5 月 29 日
生产安全事故信息报告和处置办法	2009 年 7 月 1 日
安全生产违法行为行政处罚办法	2015 年 4 月 2 日
省级政府安全生产工作考核办法	2016 年 8 月 12 日
安全生产监督罚款管理暂行办法	2004 年 11 月 3 日
安全生产行政执法与刑事司法衔接工作办法	2019 年 4 月 16 日
海洋石油安全管理细则	2015 年 5 月 26 日

名称	时间
海洋石油安全生产规定	2015 年 5 月 26 日
中共中央　国务院关于推进安全生产领域改革发展的意见	2016 年 12 月 9 日
最高人民法院关于进一步加强危害生产安全刑事案件审判工作的意见	2011 年 12 月 23 日
最高人民法院　最高人民检察院关于办理危害生产安全刑事案件适用法律若干问题的解释	2015 年 12 月 14 日
国务院办公厅关于加强安全生产监管执法的通知	2015 年 4 月 2 日
国务院安委会关于进一步加强生产安全事故应急处置工作的通知	2013 年 11 月 15 日
国务院安全生产委员会成员单位安全生产工作任务分工	2020 年 12 月 28 日
危险化学品企业生产安全事故应急准备指南	2019 年 12 月 26 日
国家安全生产事故灾难应急预案	2006 年 1 月 22 日
安全生产执法手册（2020 年版）	2020 年
生产经营单位从业人员安全生产举报处理特别规定	2020 年 9 月 16 日
应急管理部关于进一步推进地方应急管理立法工作的指导意见	2020 年 9 月 26 日
国务院安委会办公室关于实施遏制重特大事故工作指南构建双重预防机制的意见	2016 年 10 月 9 日
全国危险化学品安全风险集中治理方案	2021 年 12 月 31 日
"工业互联网 + 安全生产"行动计划（2021—2023 年）	2020 年 10 月 10 日
全国安全生产专项整治三年行动计划	2020 年 4 月
应急管理部关于加强安全生产执法工作的意见	2021 年 3 月 29 日

表3 消防领域的部分应急管理政策法规

名称	时间
中华人民共和国消防法	2021年4月29日
中华人民共和国石油天然气管道保护法	2010年10月1日
中华人民共和国森林法	2019年12月28日
森林防火条例	2009年1月1日
草原防火条例	2009年1月1日
城镇燃气管理条例	2016年2月6日
中华人民共和国消防救援衔条例	2018年10月26日
消防安全责任制实施办法	2017年10月29日
消防监督检查规定	2012年11月1日
消防产品监督管理规定	2013年1月1日
火灾事故调查规定	2012年11月1日
社会消防安全教育培训规定	2009年6月1日
公共娱乐场所消防安全管理规定	1995年5月25日
社会消防技术服务管理规定	2021年11月9日
中华人民共和国消防救援衔标志式样和佩戴办法	2018年11月6日
消防技术服务机构从业条件	2019年8月29日
仓库防火安全管理规则	1990年4月10日
国务院办公厅关于国家综合性消防救援车辆悬挂应急救援专用号牌有关事项的通知	2018年12月4日
机关、团体、企业、事业单位消防安全管理规定	2002年5月1日
国家森林草原火灾应急预案	2020年10月26日

表4 矿山领域的部分应急管理政策法规

名称	时间
中华人民共和国矿山安全法	2009年8月27日
中华人民共和国煤炭法	2016年11月7日
中华人民共和国矿山资源法	2009年8月27日
中华人民共和国矿山安全法实施条例	1996年10月30日

续　表

名称	时间
乡镇煤矿管理条例	2013 年 7 月 18 日
煤矿安全监察条例	2013 年 7 月 18 日
煤矿企业安全生产许可证实施办法	2017 年 3 月 6 日
煤矿安全监察罚款管理办法	2003 年 8 月 1 日
非煤矿矿山企业安全生产许可证实施办法	2015 年 5 月 26 日
非煤矿山外包工程安全管理暂行办法	2015 年 5 月 26 日
煤矿安全监察行政处罚办法	2015 年 6 月 8 日
国家矿山安全监察局职能配置、内设机构和人员编制规定	2020 年 9 月 22 日
国务院关于预防煤矿生产安全事故的特别规定	2013 年 7 月 18 日
煤矿作业场所职业病危害防治规定	2015 年 4 月 1 日
煤矿领导带班下井及安全监督检查规定	2015 年 6 月 8 日
煤矿建设项目安全设施监察规定	2015 年 6 月 8 日
煤矿安全培训规定	2018 年 3 月 1 日
小型露天采石场安全管理与监督检查规定	2015 年 5 月 26 日
矿山地质环境保护规定	2019 年 7 月 16 日
金属与非金属矿产资源地质勘探安全生产监督管理暂行规定	2015 年 5 月 26 日
金属非金属地下矿山企业领导带班下井及监督检查暂行规定	2015 年 5 月 26 日
尾矿库安全监督管理规定	2015 年 5 月 26 日
煤矿安全规程	2022 年 1 月 6 日
煤层气地面开采安全规程（试行）	2013 年 8 月 29 日
煤矿重大事故隐患判定标准	2021 年 1 月 1 日
国务院办公厅关于进一步加强煤矿安全生产工作的意见	2013 年 10 月 2 日
金属非金属矿山建设项目安全设施目录（试行）	2015 年 3 月 16 日
国家安全监管总局办公厅关于规范矿山救护队涉企收费的通知	2017 年 10 月 23 日
国家安全监管总局办公厅关于进一步加强矿山救援培训工作的通知	2013 年 4 月 28 日

表5 危化品领域的部分应急管理政策法规

名称	时间
危险化学品安全管理条例	2013年12月7日
中华人民共和国监控化学品管理条例	2011年1月8日
易制毒化学品管理条例	2018年9月18日
使用有毒物品作业场所劳动保护条例	2002年5月12日
民用爆炸物品安全管理条例	2014年7月29日
烟花爆竹安全管理条例	2016年2月6日
危险化学品安全使用许可证实施办法	2017年3月6日
危险化学品经营许可证管理办法	2015年5月27日
危险化学品建设项目安全监督管理办法	2015年5月27日
化学品物理危险性鉴定与分类管理办法	2013年9月1日
危险化学品登记管理办法	2012年8月1日
非药品类易制毒化学品生产、经营许可办法	2006年4月15日
化学事故应急救援管理办法	1994年8月19日
烟花爆竹生产经营安全规定	2018年3月1日
烟花爆竹经营许可实施办法	2013年12月1日
烟花爆竹生产企业安全生产许可证实施办法	2012年8月1日
化工园区安全风险排查治理导则（试行）	2019年8月12日
化工园区安全风险智能化管控平台建设指南（试行）	2022年1月29日
危险化学品生产企业安全生产许可证实施办法	2017年3月6日
危险化学品企业重大危险源安全包保责任制办法（试行）	2021年2月4日
危险化学品输送管道安全管理规定	2015年5月27日
危险化学品重大危险源监督管理暂行规定	2015年5月27日
危险化学品安全综合治理方案	2016年11月29日
危险化学品生产储存企业安全风险评估诊断分级指南（试行）	2018年5月10日
危险化学品企业安全风险隐患排查治理导则	2019年8月12日
危险化学品企业生产安全事故应急准备指南	2019年12月26日
危险化学品企业安全风险智能化管控平台建设指南（试行）	2022年1月29日
关于推进城镇人口密集区危险化学品生产企业搬迁改造的指导意见	2017年8月27日
"十四五"危险化学品安全生产规划方案	2022年3月10日

表6　交通领域的部分应急管理政策法规

名称	时间
中华人民共和国道路交通安全法	2021年4月29日
中华人民共和国道路交通安全法实施条例	2017年10月7日
中华人民共和国海上交通事故调查处理条例	1990年3月3日
中华人民共和国渔港水域交通安全管理条例	2019年3月2日
中华人民共和国内河交通安全管理条例	2019年3月2日
中华人民共和国民用航空器适航管理条例	1987年6月1日
中华人民共和国民用航空安全保卫条例	2011年1月8日
公路安全保护条例	2011年7月1日
铁路安全管理条例	2014年1月1日
铁路交通事故应急救援和调查处理条例	2012年11月9日
危险货物道路运输安全管理办法	2020年1月1日
高速公路交通应急管理程序规定	2008年12月3日
交通运输突发事件应急管理规定	2012年1月1日
民用运输机场突发事件应急救援管理规则	2016年5月21日
铁路交通事故应急救援规则	2007年9月1日
关于加强交通运输应急管理体系和能力建设的指导意见	2022年2月
国务院办公厅关于加强水上搜救工作的通知	2019年10月31日
国家城市轨道交通运营突发事件应急预案	2015年4月30日
国家处置民用航空器飞行事故应急预案	2006年1月22日
国家处置铁路行车事故应急预案	2006年1月22日
国家海上搜救应急预案	2006年1月23日
公路交通突发事件应急预案	2009年5月12日

表7　工程建设领域的部分应急管理政策法规

名称	时间
建设工程安全生产管理条例	2004年2月1日
建设工程质量管理条例	2019年4月23日
建设工程抗震管理条例	2021年9月1日
建设项目职业病防护设施"三同时"监督管理办法	2017年5月1日
建设项目安全设施"三同时"监督管理办法	2015年4月2日
建筑施工企业安全生产许可证管理规定	2015年1月22日
建筑施工企业安全生产许可证管理规定实施意见	2004年8月27日
住房和城乡建设部　应急管理部关于加强建筑施工安全事故责任企业人员处罚的意见	2019年11月20日
关于推进城市安全发展的意见	2018年1月

表8　核电领域的部分应急管理政策法规

名称	时间
中华人民共和国核安全法	2017年9月1日
核电厂核事故应急管理条例	2011年1月8日
中华人民共和国民用核设施安全监督管理条例	1986年10月29日
电力安全事故应急事故应急处置和调查处理条例	2011年9月1日
国家核应急预案	2013年6月30日

表9　防灾减灾领域的部分应急管理制度

名称	时间
中华人民共和国红十字会法	2017年2月24日
军队参加抢险救灾条例	2005年7月1日
自然灾害救助条例	2019年3月2日
救灾捐赠管理办法	2008年4月28日
灾害事故医疗救援工作管理办法	1995年4月27日
军队非战争军事行动纲要（试行）	2022年6月15日
党中央　国务院关于推进防灾减灾救灾体制机制改革的意见	2016年12月19日
国家自然灾害救助应急预案	2016年3月10日

表10 防汛抗旱领域的部分专门性应急管理政策法规

名称	时间
中华人民共和国水法	2016年7月2日
中华人民共和国防洪法	2016年7月2日
中华人民共和国防汛条例	2011年1月8日
中华人民共和国水文条例	2017年3月1日
水库大坝安全管理条例	2018年3月19日
海洋观测预报管理条例	2012年6月1日
中华人民共和国抗旱条例	2019年2月26日
全国洪水作业预报工作管理办法	2018年7月31日
全国水情工作管理办法	2005年4月14日
国家防汛抗旱应急预案	2022年5月30日
国务院办公厅关于加强城市内涝治理的实施意见	2021年4月8日

表11 气象灾害领域的部分应急管理制度

名称	时间
中华人民共和国气象法	2016年11月7日
中华人民共和国防沙治沙法	2018年10月26日
气象灾害防御条例	2017年10月7日
防雷减灾管理办法	2013年5月31日
气象灾害预警信号发布与传播办法	2007年6月12日
国务院办公厅关于进一步加强气象灾害防御工作的意见	2007年7月5日
国务院办公厅关于加强气象灾害监测预警及信息发布工作的意见	2011年7月11日
国家安全生产应急救援指挥中心关于加强极端天气条件下安全生产应急准备工作的通知	2018年6月8日
国家气象灾害应急预案	2017年12月11日

表12 地质灾害领域的部分应急管理政策法规

名称	时间
中华人民共和国防震减灾法	2009年5月1日
地质灾害防治条例	2004年3月1日
破坏性地震应急条例	2011年1月8日
地震监测管理条例	2011年1月8日
地震预报管理条例	1998年12月17日
汶川地震灾后恢复重建条例	2008年6月8日
地震安全性评价管理条例	2019年3月2日
国务院关于加强地质灾害防治工作的决定	2011年6月13日
地质灾害治理工程监理单位资质管理办法	2019年7月16日
地质灾害危险性评估单位资质管理办法	2019年7月16日
地质灾害治理工程勘查设计施工单位资质管理办法	2019年7月16日
国家安全监管总局 中国地震局关于进一步做好地震灾害风险防范工作的通知	2018年2月13日
国家突发地质灾害应急预案	2006年1月13日
国务院抗震救灾指挥部关于进一步健全完善地方防震减灾救灾体制机制的意见	2021年7月22日
国家地震应急预案	2012年8月28日

表13 生态环境领域的部分应急管理政策法规

名称	时间
中华人民共和国环境影响评价法	2018年12月29日
中华人民共和国放射性污染防治法	2003年10月1日
中华人民共和国核安全法	2018年1月1日
核电厂核事故应急管理条例	2011年1月8日
突发环境事件应急管理办法	2015年6月5日
国务院关于加强环境保护重点工作的意见	2011年10月17日
中共中央 国务院关于加快推进生态文明建设的意见	2015年4月25日
国务院印发关于同意建立国家重大海上溢油应急处置部际联席会议制度的批复	2012年10月

名称	时间
中华人民共和国船舶污染海洋环境应急防备和应急处置管理规定	2019年11月28日
中共中央　国务院关于全面加强生态环境保护　坚决打好污染防治攻坚战的意见	2018年6月16日
中共中央　国务院关于深入打好污染防治攻坚战的意见	2021年11月2日
企业突发环境事件隐患排查和治理工作指南（试行）	2016年12月12日
生态环境部、水利部关于建立跨省流域上下游突发水污染事件联防联控机制的指导意见	2020年1月19日
核动力厂营运单位的应急准备和应急响应	2019年11月29日
生态文明体制改革总体方案	2015年9月
海洋石油勘探开发溢油污染事故应急预案	2015年4月
国家重大海上溢油应急处置预案	2018年3月8日
国家突发环境事件应急预案	2019年12月27日
生态环境部（国家核安全局）辐射事故应急预案	2020年9月

表14　公共卫生领域的部分应急管理政策法规

名称	时间
中华人民共和国传染病防治法	2013年6月29日
中华人民共和国基本医疗卫生与健康促进法	2020年6月1日
中华人民共和国国境卫生检疫法	2018年4月27日
中华人民共和国生物安全法	2021年4月15日
中华人民共和国突发公共卫生事件应对法	正在制定中
艾滋病防治条例	2019年3月2日
国内交通卫生检疫条例	1999年3月1日
国内交通卫生检疫条例实施方案	1999年9月16日

名称	时间
国家突发重大动物疫情应急预案	2006年2月27日
国家突发公共卫生事件应急预案	2006年2月26日
国家突发公共事件医疗卫生救援应急预案	2006年2月26日
国境口岸突发公共卫生事件出入境检验检疫应急处理规定	2018年4月28日
突发公共卫生事件交通应急规定	2004年5月1日
传染病病人或疑似传染病病人尸体解剖查验规定	2005年9月1日
中华人民共和国传染病防治法实施办法	1991年12月6日
突发公共卫生事件与传染病疫情监测信息报告管理办法	2006年8月22日
国家突发公共卫生事件相关信息报告管理工作规范（试行）	2005年12月27日
传染性非典型肺炎防治管理办法	2003年5月12日
医疗机构传染病预检分诊管理办法	2005年2月28日
关于依法惩治妨害新型冠状病毒感染肺炎疫情防控违法犯罪的意见	2020年2月6日
全国人民代表大会常务委员会关于全面禁止非法野生动物交易、革除滥食野生动物陋习、切实保障人民群众生命健康安全的决定	2020年2月24日
关于进一步加强国境卫生检疫工作　依法惩治妨害国境卫生检疫违法犯罪的意见	2020年3月16日
国务院办公厅关于加强传染病防治人员安全防护的意见	2015年1月6日
关于做好个人信息保护利用大数据支撑联防联控工作的通知	2020年2月4日
关于落实常态化疫情防控要求进一步加强医疗机构感染防控工作的通知	2020年4月30日
"健康中国2030"规划纲要	2016年10月
"十四五"国民健康规划	2022年4月27日

表15 生物安全领域的部分应急管理政策法规

名称	时间
中华人民共和国动物防疫法	2021年1月22日
中华人民共和国野生动物保护法	2016年7月2日
重大动物疫情应急条例	2017年10月7日
植物检疫条例	2017年10月7日
农作物病虫害防治条例	2020年5月1日
病原微生物实验室生物安全管理条例	2018年3月19日
农业转基因生物安全管理条例	2017年10月7日
动物检疫管理办法	2022年12月1日
高等级病原微生物实验室建设审查办法	2018年10月31日
进出口环保用微生物菌剂环境安全管理办法	2010年5月1日
病原微生物实验室生物安全管理条例	2018年3月19日
无规定动物疫病区评估管理办法	2017年5月27日
突发林业有害生物事件处置办法	2015年7月1日
农业植物疫情报告与发布管理办法	2010年3月1日
农业转基因生物加工审批办法	2019年4月25日
农业转基因生物进口安全管理办法	2017年11月30日
农业转基因生物安全评价管理办法	2022年1月21日

表16 食品安全领域的部分应急管理政策法规

名称	时间
中华人民共和国食品安全法	2018年12月29日
食品安全企业安全生产监督管理暂行规定	2015年5月29日
中华人民共和国食品安全法实施条例	2019年12月1日
新食品原料安全性审查管理办法	2017年12月26日
食品安全国家标准管理办法	2010年12月1日

表17 社会安全领域的部分应急管理制度

名称	时间
中华人民共和国反恐怖主义法	2016年1月1日
中华人民共和国戒严法	1996年3月1日
中华人民共和国集会游行示威法	1989年10月31日
中华人民共和国网络安全法	2017年6月1日
中华人民共和国劳动法	1995年1月1日
中华人民共和国信访条例	2005年5月1日
中华人民共和国人民警察法	2013年1月1日
中华人民共和国企业劳动争议处理条例	1993年8月1日
中共中央 国务院关于进一步加强社会治安综合治理的意见	2001年9月5日
关于加强社会治安防控体系建设的意见	2015年4月13日
健全落实社会治安综合治理领导责任制规定	2016年2月27日
中共中央 国务院关于加强基层治理体系和治理能力现代化建设的意见	2021年4月28日